CHAT COMMERCE

CHAT COMMERCE

ESCALE SEUS RESULTADOS TRANSFORMANDO CONVERSAS EM VENDAS

TIAGO VAILATI

ALTA BOOKS
GRUPO EDITORIAL
Rio de Janeiro, 2026

Chat Commerce

Alta Books é uma empresa do Grupo Editorial Alta Books.

ISBN: 9978-85-508-2888-6

Impresso no Brasil – 1ª Edição, 2026 – Edição revisada conforme o Acordo Ortográfico da Língua Portuguesa de 2009.

Dados Internacionais de Catalogação na Publicação (CIP)

V155c

Vailati, Tiago
Chat Commerce: escale seus resultados transformando conversas em vendas / Tiago Vailati; prefácio de Alexandre Nogueira. - Rio de Janeiro: Alta Books, 2026.

236 p.; il.;15,7 x 23 cm.

ISBN 978-85-508-2888-6

1. Comércio eletrônico. 2. Marketing digital. 3. Atendimento ao cliente.4. Vendas on-line. I. Título.

CDD 519.5

Índice para catálogo sistemático:

1. Marketing eletrônico (e-commerce: 658.84
2. Marketing: 658.8
3. Atendimento ao cliente: 658.812

Produção Editorial: Grupo Editorial Alta Books
Diretor Editorial: Anderson Vieira
Editor da Obra: J.A. Ruggeri
Vendas Governamentais: Cristiane Mutüs
Produtora Editorial: Rita Motta

ALTA BOOKS
GRUPO EDITORIAL

Rua Viúva Cláudio, 291 – Bairro Industrial do Jacaré
CEP: 20.970-031 – Rio de Janeiro (RJ)
Tels.: (21) 3278-8069 / 3278-8419
www.altabooks.com.br – altabooks@altabooks.com.br
Ouvidoria: ouvidoria@altabooks.com.br

Editora **afiliada à:**

ASSOCIADO

Dedicatória

Este livro é dedicado às pessoas que caminham comigo, mesmo quando traçamos outra rota e seguimos viagem.

São nas grandes mudanças da vida que percebemos, sem filtro, a importância das pessoas que estão conectadas a nós. Algumas vão, outras vêm. Nestas horas, notamos a força dos elos que nos unem.

À Bruna, minha companheira de vida. Com você e sua presença firme, seu olhar generoso e sua dedicação, tenho mais força para escrever cada capítulo no caderno da vida. Ao Theo, nosso pequeno grande menino, que me ensinou uma nova forma de enxergar o mundo e sonhar. Que você cresça com coragem e nunca perca a curiosidade, sendo gente do bem e sabendo que seu pai sempre estará por perto, sendo seu mentor e torcendo por você.

Aos meus pais, Pedro e Irene, que não estão mais aqui fisicamente, mas permanecem brilhando na minha memória. Sempre foram minha plateia mais sincera, meu abrigo e minha raiz. Muito do que sou e do que construí carrega marcas de vocês, valores que me guiaram e continuam me guiando.

Levo todos vocês comigo, em cada escolha, em cada conquista.

Ao Anderson, meu sócio na Loopia e parceiro de jornada, obrigado por caminhar junto com tanta entrega, mente aberta e lealdade. Construir algo do zero exige mais do que coragem, exige sintonia. Obrigado por confiar, por dar o seu melhor nos dias difíceis e por celebrar junto os dias bons. Que essa estrada seja intensa e nos dê orgulho.

Este livro é para vocês.

Sem vocês, ele nem existiria.

Sobre o autor

TIAGO VAILATI NASCEU E vive em Brusque (SC), cidade que combina a qualidade de vida do interior com um espírito empreendedor que inspira. Formado em Ciência da Computação, especializou-se mais tarde em Gestão Estratégica Empresarial, mas foi na prática, na vivência intensa do varejo e da tecnologia, que construiu sua jornada profissional.

Aos 25 anos, fundou a Hiper, uma *startup* focada em gestão para o pequeno varejo, que conquistou mais de 25 mil clientes em todo o Brasil e foi adquirida pela Linx (grupo TOTVS) em 2019. Seguiu liderando a empresa até 2022, no período pós-aquisição.

Antes de empreender, trabalhou no chão de loja, liderou times de tecnologia e viveu de perto a realidade do varejo por mais de 10 anos, o que mais tarde se tornaria um diferencial importante na sua forma de enxergar e criar soluções, combinando técnica com visão empreendedora.

Hoje é cofundador e CEO da Loopia, uma plataforma de Chat Commerce que transforma conversas em vendas. Com um propósito claro, a Loopia tem ajudado milhares de vendedores de e-commerce e *marketplaces* a estruturar o atendimento como canal de vendas e crescimento. Seu trabalho tem influenciado o debate sobre Chat Commerce e como a inteligência artificial pode atuar de forma prática, estratégica e eficiente no dia a dia do varejo.

Autor do livro *O Que Te Impede?*, voltado a empreendedores que buscam construir empresas com mais propósito, cultura e gente feliz, Tiago também é mentor, investidor e conselheiro em diferentes tipos de negócios, além de compartilhar suas vivências na sua newsletter, onde reflete sobre os bastidores da vida de um fundador.

Apaixonado por startups, *software* e corrida, Tiago encontra na escrita um canal de aprendizado e uma forma genuína de compartilhar conhecimento e inspirar as pessoas. É casado com a Bruna e pai do Theo, seus maiores motivos para sonhar grande, com os pés no chão e o coração no lugar certo.

Sumário

Prefácio

O VAREJO SEMPRE FOI um reflexo da sociedade. A cada mudança de comportamento do consumidor, novas dinâmicas surgem e velhas práticas deixam de funcionar. Durante décadas, quem dominava estoque, preço e prateleira garantia vantagem competitiva.

Depois, quem entendeu de logística, *marketing* digital e performance conquistou espaço. Mas hoje, no mundo hiperconectado em que vivemos, o que separa os negócios que crescem dos que ficam para trás é algo muito mais simples e, ao mesmo tempo, muito mais desafiador: a capacidade de conversar com o cliente, no momento certo e do jeito certo.

Essa percepção não nasce da teoria, mas da prática. Eu vivi de perto a ascensão dos *marketplaces* no Brasil, acompanhei vendedores comuns se tornarem grandes operações, vi empresas tradicionais se reinventarem e *startups* despontarem do zero. Sempre acreditei que o diferencial competitivo estava menos no produto e mais na forma como se cria relacionamento. Afinal, o cliente que confia, volta. O cliente que é ouvido, compra. O cliente que sente conexão, defende a marca.

É por isso que considero este livro um marco. Tiago Vailati conseguiu traduzir em método e em narrativa clara aquilo que muitos ainda não conseguem enxergar: a venda acontece na conversa. Não importa se o canal é WhatsApp, o *inbox* do

Instagram, o *chat* de um *marketplace* ou a DM do TikTok, o que importa é que o cliente, quando decide escrever para a empresa, já está sinalizando que está pronto para avançar, e é nesse instante que nascem as maiores oportunidades de conversão.

O Chat Commerce, conceito central desta obra, não é apenas uma tendência. Ele já é realidade. Em minhas palestras e mentorias para milhares de vendedores de *marketplaces*, tenho afirmado repetidamente que estamos diante de uma mudança de era.

Assim como o e-commerce quebrou fronteiras e os *marketplaces* democratizaram o acesso ao consumo digital, agora é o atendimento que se reposiciona como um dos principais motores de receita.

O mérito do Tiago está em duas dimensões. Primeiro, pela vivência prática. Poucos empreendedores podem dizer que passaram pelo varejo raiz, construíram tecnologia relevante e, depois, escalaram soluções que impactaram milhares de negócios. Ele viveu no balcão da loja, no *software* e na mesa de estratégia de grandes *players*. Essa bagagem torna cada página deste livro legítima. Segundo, pelo método. O CHAT (Contexto, Humanização, Ativação e Tecnologia) organiza o que parecia caótico. Ele mostra que não se trata apenas de responder rápido, mas de responder com intenção, com inteligência e com empatia.

Esse é o ponto em que este livro dialoga profundamente com a minha própria jornada. Na Universidade *Marketplaces*, sempre defendi que tecnologia sem estratégia é desperdício, e que estratégia sem gente, sem conexão real, é vazia. O Chat Commerce une esses dois mundos: tecnologia aplicada com propósito e pessoas no centro do processo.

Ao longo da leitura, você vai perceber que o livro não se limita a apontar tendências. Ele mostra números, compartilha aprendizados, traz exemplos concretos. Ele explica por que as gerações mais jovens não têm paciência para processos burocráticos, como o atendimento deixou de ser suporte e passou a ser comercial, e de que forma cada conversa pode ser uma venda. É um conteúdo prático, mas também provocativo. Ele não te deixa indiferente, obriga você a repensar a forma como lida com seus clientes.

Eu acredito que obras como esta marcam época. Porque não se trata de mais um manual de técnicas passageiras, mas de uma visão estruturada de futuro. Se você é vendedor de *marketplace*, líder de e-commerce, gestor de varejo ou empreendedor que deseja crescer, este livro não é apenas útil, é indispensável.

Ao terminar a leitura, você terá em mãos não apenas conceitos, mas um mapa para aplicar no seu negócio. Um mapa que mostra como transformar atendimento em receita, como converter conversas em resultados e como se preparar para o que está por vir.

O Tiago entrega aqui um conteúdo raro, acessível para quem está começando, profundo para quem já é experiente, e prático para quem precisa agir agora. E, acima de tudo, entrega algo com propósito, porque nasce de quem conhece a dor, viveu os bastidores e decidiu compartilhar soluções.

Parabéns, Tiago, por contribuir com o mercado de forma tão relevante. Tenho certeza de que este livro se tornará referência obrigatória e estará presente nas estantes e nas mesas de trabalho, daqueles que desejam se destacar no novo varejo digital.

Alexandre Nogueira
CEO & Fundador da Universidade Marketplaces

Introdução

O CLIENTE CHEGOU ATÉ a loja *online*. Viu um produto interessante, navegou por algumas páginas e comparou modelos. Em determinado momento, ficou com uma dúvida simples. Abriu o *chat* da loja, digitou a pergunta e… esperou.

A resposta não veio.

Ou, se veio, chegou tarde demais. Ele fechou a aba, procurou outra loja e comprou de quem respondeu na hora certa, e talvez com preço ou prazo de entrega ligeiramente piores.

Aquela venda, que parecia garantida, foi perdida de forma silenciosa. Não por causa do produto, do preço ou da experiência de navegação. Mas por causa do atendimento. Ou melhor, pela ausência dele.

Situações como essa são muito mais comuns do que parecem. Elas acontecem todos os dias, em centenas de operações de e-commerce, lojas físicas com atendimento digital, vendedores de *marketplace* ou empresas que vendem pelo WhatsApp. E, na maioria das vezes, passam despercebidas. Não são registradas como oportunidades perdidas. Ninguém assume que aquela conversa não respondida foi, na prática, uma venda que não se concretizou.

Lembro de um episódio que tem tudo a ver com a mudança de hábito de compra no varejo ao longo dos anos. Lá pelos meus 8 anos de idade, isso na década de 90, meu pai decidiu trocar a TV de casa. Época de Copa do Mundo tem dessas coisas, o futebol dos anos 90 tinha seu charme.

Meu pai fez a rota comum que o consumidor fazia na época. Visitou umas tantas magazines que ocupavam o centro da cidade onde morávamos. Pesquisou, pechinchou e comprou. Trouxe a TV para casa. A torcida para a seleção canarinho estava garantida.

E se fosse hoje? Uma pesquisa *online*, meia dúzia de abas do navegador abertas, alguns vídeos de opiniões assistidos, e feito: TV a caminho de casa, chegando em 2 dias. Ou menos. Minhas últimas TVs foram compradas assim, e imagino que aí não tenha sido diferente.

O vendedor invisível

Foi observando esse padrão ao longo dos últimos anos, tanto como consumidor (ando sempre com o radar ligado), mas principalmente como empreendedor durante quase duas décadas.

Na minha jornada mais recente, na Loopia, tenho seguido com a missão de impactar o varejo digital, onde estamos construindo tecnologia voltada para transformar todos os pontos de contato em pontos de venda. Foi então que comecei a desenvolver a tese deste livro.

A tese tem um ponto central simples: hoje, mais do que nunca, a venda acontece na conversa.

Ela não está mais restrita à vitrine, ou à página do produto, nem a questões visuais do botão de compra, ao tráfego ou a questões de otimização do *checkout*. Ela acontece no *inbox*, no *chat* da loja, na DM das redes sociais, na pergunta enviada pelo WhatsApp. Ou seja, tudo isso virou canal direto entre consumidor e marca. É ali que a intenção aparece, muitas vezes de forma sutil. É ali que o cliente sinaliza: *"estou pensando em comprar, mas preciso entender algo antes, sentir confiança"*.

É também nesse ponto que nasce o que chamo de **vendedor invisível.**

Aquele que não está fisicamente no balcão, não atende ligações nem aparece nas campanhas, mas que cumpre um papel fundamental: escutar, responder com contexto e conduzir o cliente com naturalidade até a decisão de compra.

Às vezes, esse vendedor invisível é uma pessoa bem treinada, operando no *inbox* com agilidade e empatia. Em outros casos, é uma inteligência artificial com linguagem afinada, boas integrações e lógica comercial embutida nas respostas.

A questão não é se ele é humano ou não. É se ele é útil, se entrega a resposta certa, no tempo certo, com o objetivo certo.

Durante anos, o atendimento foi tratado como um setor isolado, quase sempre vinculado ao pós-venda, ao suporte técnico ou à resolução de problemas. Rotulado como centro de custo, dificilmente com alguma ligação com a geração de receita. Só que o comportamento do consumidor mudou. Os canais mudaram, uns sumiram, enquanto todo dia surge um novo. A jornada de compra ficou menos previsível, mais fragmentada, e o ponto mais quente da decisão agora acontece por meio de interação entre comprador e vendedor.

A boa notícia é que, se você aprender a estruturar bem essa conversa, ela se transforma. E o que antes era uma interação neutra passa a ser um momento de conversão.

É isso que este livro propõe.

Nos próximos capítulos, vamos explorar como o comportamento do consumidor evoluiu, por que o funil tradicional já não dá conta das novas dinâmicas de decisão, e como o atendimento se reposicionou como um dos principais canais de vendas no varejo digital. Vou apresentar o **método CHAT**, um *framework* prático que desenvolvi com base em tudo que tenho vivenciado na Loopia, uma plataforma que transforma canais de conversa em canais de receita, além da bagagem que carrego de toda minha trajetória com tecnologia para o varejo.

Esse não é um livro sobre o futuro, é sobre o presente, onde poucos estão enxergando com clareza. É sobre o uso eficaz de IA, automação e fluxos conversacionais para vender mais, conectando-se melhor com o cliente.

Se você trabalha com varejo, atende clientes em canais digitais ou lidera times que lidam com consumidores todos os dias, este livro é para você. E se você ainda não começou a vender por *chat*, pode apostar: seu cliente já começou a comprar por lá.

Vamos em frente, com provocações para fazer você pensar e dicas práticas para que possa agir.

Havan, Hiper e Loopia: aprendizados do varejo da vida real

Quando olho para tudo o que estamos construindo hoje com a Loopia, é impossível não voltar no tempo e reconhecer os pontos que fizeram parte da minha jornada profissional.

Do contato com o público no dia a dia do varejo até a criação da tecnologia para fazer tudo girar, tenho vivido e respirado o varejo desde os meus 15 anos.

Os três grandes marcos da minha vida profissional, a vivência no dia a dia de uma grande rede de lojas, criar um *software* de gestão do zero e tornar-se referência no universo do

Chat Commerce, revelam como o atendimento deixou de ser coadjuvante e assumiu protagonismo, como canal de receita.

Elas vão aparecer, em profundidade, nos próximos capítulos.

Foram anos no chão de loja, no varejo raiz. Para mim, isso se tornou um grande diferencial a respeito da forma que eu enxergo como o varejo funciona.

Minha primeira experiência profissional foi na rede de lojas Havan, aos 15 anos, ainda adolescente. Trabalhei muito tempo na loja até chegar a liderar o time de *software* interno daquela gigante varejista, e ali aprendi algo que jamais esqueci: o cliente não compra só o produto, ele busca a experiência completa, onde o fato de ser bem atendido é o ponto central.

Foi onde eu aprendi muito sobre o comportamento de compra. O que leva alguém a sair com uma sacola nas mãos? Por que um cliente volta e outro nunca mais aparece? Quais palavras facilitam a decisão? O que atrapalha o processo?

Aquela época de contato direto com o cliente dentro das lojas reforçou em mim a certeza de que um cliente fidelizado, que compra e recompra com frequência, é fruto de uma conexão forte entre o cliente e a marca.

Guarde essa premissa, a experiência é fator crucial para o sucesso no longo prazo. Ela é a base do pilar "H" de Humanização que veremos adiante, quando entrarmos no método CHAT.

A transição do varejo físico para o *software*

Depois da Havan, minha trajetória seguiu no universo do varejo, mas com um novo foco: tecnologia. Desde que comecei a estudar computação, mergulhei no mundo do *software* para varejo e logo entendi que havia uma lacuna gigante entre o que os lojistas precisavam e o que os sistemas entregavam.

Nascia então a Hiper e um sistema de gestão (ERP) pensado especialmente para o pequeno varejista. O nosso foco era muito claro, queríamos impactar o pequeno varejo no Brasil todo, dar poder de gestão para quem vive a realidade da loja, da planilha, do balcão.

Gente que muitas vezes sabe vender, sabe comprar, sabe negociar, mas não tinha ferramentas à altura para operar o próprio negócio com clareza. Quando criamos a Hiper, nenhum *software* liderava o setor com foco no varejo de pequeno porte no Brasil, uma baita oportunidade.

A jornada da Hiper foi especial, chegamos a mais de 25.000 clientes, espalhados em mais de 2.000 cidades do Brasil. O que um dia foi um sonho, tinha se tornado uma grande realização.

Nos consolidamos como um sistema de gestão bem visto pelos varejistas de pequeno porte. Isso nos fez aparecer no radar de gigantes do mercado e resultou na aquisição da Hiper pela Linx em 2019, um marco de grande importância para a história da tecnologia para o varejo nacional. Eu segui liderando a empresa até 2022, quando passei o bastão para outra liderança.

Na Hiper, vivi de perto os dilemas de sair da gestão informal para o sistema. Muitos varejistas queriam evoluir, mas não sabiam por onde começar. Outros já usavam ferramentas, mas não eram bem atendidos por elas. Na real, a maioria operava no piloto automático, sem visibilidade, sem inteligência, sem planejamento.

E foi nesse contexto que eu aprendi, com profundidade, uma das grandes lições que me acompanham até hoje: o pequeno varejo é apaixonante, cheio de gente do bem, batalhadora, que sonha com algo maior.

Mas são negócios frágeis em estrutura, em maturidade. E a tecnologia, quando bem aplicada, é o que permite ao pequeno pensar como grande.

O que aprendi construindo soluções para o varejo

A convivência diária com empreendedores de diferentes regiões, portes e segmentos me ensinou algumas verdades que a teoria nem sempre mostra:

1. **O varejo é dinâmico:** É um dos setores mais dinâmicos que existe, sem dúvida nenhuma. O mesmo profissional que garante que os produtos estejam disponíveis para venda é quem atende o cliente, resolve o problema de entrega e ainda atualiza o Instagram no fim do dia. Por isso, vence quem entrega soluções práticas.

2. **O tempo do varejista é escasso:** Se uma tecnologia não gera valor em poucos cliques, ela será abandonada. Não que o varejista exija demais, mas ele quer soluções que melhorem a eficiência e a produtividade da equipe.

3. **Confiança é mais importante que funcionalidade:** Varejistas valorizam quem resolve, quem escuta e quem está disposto a fazer junto. Às vezes, uma ferramenta com menos recursos, mas com bom suporte, conquista mais espaço do que uma super plataforma que não prioriza o relacionamento com o cliente.

4. **Ninguém quer mais uma planilha para preencher:** Todo sistema precisa conversar com a realidade, ser ágil, ser flexível para encaixar-se nos processos. Ninguém morre de amores por um sistema de gestão, mas quando

> ele gera problemas, vira dor de cabeça. O melhor *software* é aquele que faz a sua parte e deixa o negócio acontecer.

Esses aprendizados me moldaram como empreendedor, mas também como criador de soluções. Entendi que o desafio do varejo não é apenas tecnológico, é também humano.

Mais do que isso, aprendi que tecnologia só faz sentido quando desmistifica a complexidade, gera eficiência e tira as amarras do empreendedor, assunto que falaremos com profundidade em vários pontos do livro.

Do ERP ao atendimento: um salto natural (e inevitável)

Na época da Hiper, o foco era dar controle ao varejista. Mostrar quanto vendeu, o que está parado no estoque, o que precisa repor, como estavam as finanças. Tudo isso era, e ainda é, essencial.

Mas, com o tempo, fui percebendo que o perfil do consumidor foi mudando com as novas gerações. O ponto de contato virou ponto de venda, o atendimento virou canal e as pessoas começaram a buscar mais conveniência na hora de comprar.

Dirigir-se até uma loja física para comprar algo deixou de ser o padrão. Ouvi inúmeras vezes que a loja física ia desaparecer. Nunca acreditei cegamente nisso, mas sempre dei atenção aos movimentos que estavam acontecendo.

O consumidor estava mais digital, buscando relacionamento e dando preferência para a interação com as marcas de forma digital.

Foi aí que surgiu uma nova inquietação: por que ninguém estava olhando com profundidade para esse momento da interação? Por que as empresas continuavam tratando atendimento como algo secundário?

Bem ali, estava uma grande oportunidade de melhorar os resultados, um novo canal de receita.

Essa inquietação foi o que me motivou a voltar a empreender e me levou a criar a Loopia, e de certa forma, foi também o que deu origem a este livro.

A ideia do *"vendedor invisível"* veio da realidade, da constatação de que o comportamento de compra mudou, mas as estruturas de venda continuavam obsoletas, por falta de contexto, de humanização, de condução.

Na Loopia, vi que a tecnologia pode, sim, fazer esse papel, desde que seja desenhada com essa finalidade.

O atendimento pode, e deve, ser um canal de receita se for estruturado com método.

Sei que o varejo tem pressa, mas não quer atalhos. Quer soluções que respeitem sua realidade e que conversem com seu jeito de vender.

Isso moldou a minha forma de pensar, e é isso que quero compartilhar com você no decorrer deste livro.

Respirando o atendimento como motor de vendas

A Loopia nasceu com um olhar no presente e outro no futuro. Eu vinha de uma trajetória intensa na Hiper (e depois na Linx), onde aprendi a traduzir a lógica da loja para dentro do sistema de gestão.

Mas agora, o desafio era outro. O varejo precisava sair da loja e se projetar também para outros canais. A realidade e a oportunidade estavam no fato de que era no WhatsApp, no *chat*, nas redes sociais e nos *marketplaces* que os consumidores buscavam conexão com marcas e varejistas.

A Loopia não surgiu para ser mais uma ferramenta, tivemos um estalo a partir de uma observação da vida real. Algo que eu mesmo sentia ao observar o varejo de perto: o atendimento estava sendo tratado como algo isolado, quando, na prática, já era parte fundamental da operação comercial em muitos negócios.

A pergunta que deu origem à Loopia foi simples, mas poderosa: e se o atendimento deixasse de ser apenas um setor e se tornasse um canal de venda com estrutura, tecnologia e inteligência aplicada?

A partir disso, começamos a investigar com profundidade o comportamento de atendimento no varejo digital, olhando inicialmente para o universo dos *marketplaces*. Não de forma teórica, mas, na prática, dentro das operações.

Conversando com vendedores, escutando lideranças, analisando históricos de atendimentos, mapeando fluxos reais de conversas em plataformas como Mercado Livre, Shopee, Amazon, Magalu, e depois WhatsApp, Instagram e Tiktok. Ouvimos muita gente, e continuamos ouvindo.

É dessa forma que surgem *softwares* que resolvem problemas reais.

As primeiras constatações que fizemos não foram sobre tecnologia, integrações ou *dashboards*. Mas sim, sobre gente tentando vender em meio ao caos:

- Atendentes que respondiam perguntas de forma manual, no improviso, sem acesso a informações básicas.
- Clientes que queriam comprar, mas desistiam porque a conversa não levava a lugar algum ou era genérica demais.
- Times que usavam inúmeras ferramentas ao mesmo tempo, copiando e colando *links*, códigos de rastreio e respostas manuais, para citar apenas alguns exemplos.
- Líderes comerciais que não tinham visibilidade nenhuma sobre o que acontecia nos canais de relacionamento com os clientes e, portanto, não conseguiam medir desempenho ou evoluir o processo.

Escutamos histórias de vendedores exaustos e de clientes frustrados. Mas, acima de tudo, notamos que havia um desejo de fazer melhor.

O que entendemos foi que faltava alguém para mostrar como fazer.

Em um mercado cheio de plataformas *"faz-tudo"*, escolhemos concentrar e focar num ponto específico. Fazer algo específico, mas com o propósito de fazer melhor. Direcionamos nosso foco para o varejo, em estruturar o atendimento com o objetivo de converter mais vendas.

Enquanto muitas empresas tratavam o atendimento como suporte ou SAC, ficou claro para mim que o segredo daquelas que vencem, está na habilidade de transformar o que era atendimento reativo num processo comercial com começo, meio e fim.

Nada como ensinar o que se viveu

Até aqui, eu procurei compartilhar com você, um pouco da minha experiência, passando por três fases distintas lidando com o varejo: Havan, Hiper e Loopia. Essas três vivências formam o trilho que sustenta o método CHAT, que é o fio condutor deste livro.

Eu decidi batizar o método com o acrônimo CHAT, cujas letras significam Contexto, Humanização, Ativação e Tecnologia, por questões didáticas, embora tenha sido uma bela sacada, concorda?

Tudo parte do *Contexto*, que nasce da interpretação do momento atual do consumidor na jornada de compra, enquanto a *Humanização* trata da forma como a empresa se apresenta para este consumidor. Só então, seguimos para a *Ativação*, que acontece ao aplicarmos técnicas com o intuito de transformar aquele atendimento numa oportunidade real de venda. Por fim, falamos da *Tecnologia*, cujo papel é garantir que tudo isso escale com eficiência, mas sem perder o carinho pelo detalhe.

Vistas separadamente, as etapas parecem óbvias, mas combinadas, explicam por que algumas operações convertem conversas em vendas diárias, enquanto outras ainda procuram a razão pela qual as vendas não deslancham.

Antes de destrinchar cada engrenagem, vamos dedicar os primeiros capítulos a um mergulho no perfil das novas gerações de consumidores, da Geração Z aos Alphas, passando também pelos Millennials, gerações estas que transformaram a forma de se relacionar com as marcas.

Em seguida, revisaremos os conceitos fundamentais do Chat Commerce, entendendo por que os pontos de contato viraram pontos de venda. Só então, já armados desse olhar sobre o cliente e de um entendimento completo sobre o que é o Chat Commerce na real, avançaremos para o método CHAT propriamente dito, traduzindo teoria em algo prático.

Vamos nessa?

PARTE **1**

O CONSUMIDOR MUDOU

1

O fim da lógica do funil

Durante muito tempo, o funil de vendas foi a principal pauta de quem trabalha com *marketing* e vendas.

Era uma imagem simples de entender: no topo, você atrai o máximo possível de pessoas, no meio, filtra quem tem real interesse e, no fundo, converte uma parte em compradores.

O funil funcionava como uma linha de produção, era previsível, linear, onde o cliente navegava etapa por etapa, e pronto: mais um pedido para despachar.

Por muitos anos, esse modelo fez sentido.

O comportamento de compra também era mais previsível, quando o cliente via um anúncio, acessava o site, comparava preços e comprava. Um passo depois do outro, numa lógica óbvia para quem vendia e, acima de tudo, para quem comprava.

Mas isso mudou, tão rápido que muitos ainda não compreenderam. Sim, vivemos muitas transformações no mundo nos últimos anos.

Hoje, o consumidor não age mais de forma linear. Ele é multitarefa, multicanal e, acima de tudo, tem muitas opções ao alcance das mãos, bastam alguns toques na tela do celular.

Descobre um produto no Instagram, vê um anúncio no Google dias depois, salva o *link* e esquece. Então, é impactado por um *remarketing*, entra em contato por WhatsApp, manda uma pergunta, e deixa para depois. Talvez mude de ideia, talvez compre num dos seus canais de venda.

Observe que eu usei *"canais"*, no plural.

Você não vai chegar lá apenas por ter uma bela loja virtual, quando o cliente está pulando de app em app, redes sociais, *marketplaces*, vídeos, e por aí vai.

Hoje, a jornada de compra se parece muito mais com um redemoinho do que com um funil. Ela tem entradas e saídas o tempo todo, cheia de voltas, desvios e, infelizmente, interrupções. O cliente gira em torno do desejo de comprar, mas nem sempre segue a direção que a empresa planejou.

O funil ainda aparece em apresentações, manuais de vendas e planejamentos de *marketing*, mas, na prática, ele já não representa a realidade de quem está operando na linha de frente.

Tome cuidado com quem ainda te vende esse jeito de gerar receita no varejo digital como a única opção, não é mais assim.

Não há mais uma ordem clara de etapas da jornada de compra. A venda acontece quando a empresa consegue estar presente no momento certo. Quando ela entende o novo ritmo de consumo e atua com agilidade, escuta e age conforme o contexto. Ou seja, hoje vencem aqueles que estão mais preparados para o novo hábito de consumir *online*.

E é nesse ponto que o atendimento assume um novo papel.

Logo ele, o atendimento... um assunto que sempre ficou para depois. O tema que muita gente fala, mas não faz.

Aqui vale deixar um salve para o grande Edmour Saiani, fundador da Ponto de Referência, talvez um dos brasileiros que mais entende de experiência de compra no varejo que tive o privilégio de conhecer.

Sempre que sento para ouvir o Ed falar, guardo coisas na mente que me acompanham por anos.

Certa vez, ele disse que *"o cliente compra muito mais de quem atende melhor, do que de quem insiste em vender"*. Impossível discordar.

Durante décadas, o atendimento foi considerado uma etapa final, muitas vezes acessada apenas quando algo dava errado. Era o canal da reclamação, da dúvida ou do problema. Um centro de custo, não um centro de receita.

Mas hoje, em um cenário onde a jornada de compra acontece a partir de uma combinação de pequenos momentos, o atendimento é o ponto onde tudo pode dar certo.

O cliente já não segue sempre aquele fluxo que conhecemos há anos: pesquisar, adicionar no carrinho, seguir para o *checkout* e pedido feito.

Duvida disso?

Pergunte para aquele sobrinho que nasceu depois do ano 2000, e que, por sinal, já é um adulto formado, e compra algo *online* algumas vezes por mês.

Ele compra de quem tem conexão, de quem fala a linguagem dele, de quem estabelece diálogo.

Sim, as marcas hoje precisam dialogar, e quando o cliente fala, está te dando uma chance. Está sinalizando que está próximo da decisão, só precisa de uma última resposta, de um detalhe, de uma confirmação.

Se a resposta chega com agilidade e clareza, a venda acontece. Se vem com atraso ou de forma fria, ele desiste. E muitas vezes, desiste sem deixar claro.

Esse é o novo cenário.

Quem aprende a escutar o cliente com atenção e cuidado navega num mar de oportunidades.

Porque o fim da lógica do funil não significa o fim da venda de forma estruturada, mas sim o início de uma nova forma de pensar o processo comercial. Mais distribuída em múltiplos canais, e centrada no comportamento real das pessoas.

Uma forma onde a conversa ocupa o centro da jornada, onde o atendimento deixa de ser suporte e passa a ser estratégia, e onde cada interação vira uma possibilidade de conversão.

O vazio entre interesse e compra

Nos modelos clássicos de *marketing*, representamos a jornada do consumidor como um funil bem-ordenado: atração no topo, consideração no meio, conversão no fundo. O diagrama é fácil de entender, mas já não descreve a realidade.

Entre a fase de descoberta (impulsionada por anúncios, conteúdos e indicações) e o clique definitivo no botão de compra, existe um intervalo pouco explorado de forma estratégica, feito de uma série de pontos de dúvida que surgem em questão de segundos.

É nesse intervalo, quase sempre deixado de lado, que muitas vendas se perdem.

Pense no seguinte cenário: um cliente vê um tênis no Instagram, clica para saber mais e chega a colocar o produto no carrinho. Nesse momento, surgem algumas dúvidas sobre numeração, prazo de entrega, formas de pagamento ou política de troca.

Se essas dúvidas não forem sanadas imediatamente, a motivação inicial desaparece.

O cliente abre novas abas, compara opções em outros sites, consulta amigos, vai para o WhatsApp, e surge então mais um carrinho abandonado, mais um dado nas estatísticas do gestor do e-commerce.

Este é o tal vazio entre o interesse e a decisão de comprar.

Um verdadeiro vilão para quem está buscando gerar mais resultados no digital. A marca investiu para gerar tráfego, trabalhou *branding*, criou conteúdo relevante, mas, por falta de uma ponte que liga o desejo à decisão de compra, deixou a oportunidade escorrer pelos dedos.

É nesse exato ponto que o **Chat Commerce** cumpre um papel estratégico, pois permite de forma simples e enxuta que o cliente converse com a empresa no mesmo ambiente onde o interesse se manifestou.

Seja no WhatsApp, no *direct* do Instagram, no *chat* do site ou no *marketplace*, surge ali um canal instantâneo para eliminar as objeções, oferecer recomendações personalizadas e, sobretudo, conduzir o cliente para o fechamento da compra.

Não se trata de replicar o SAC tradicional em outro canal, muito menos criar um labirinto de mensagens automáticas.

A proposta é reconhecer que, na economia da atenção, cada segundo é precioso e que o relacionamento direto faz o cliente avançar na jornada.

Quando um atendente (humano ou assistido por IA) responde em poucos minutos, com clareza sobre estoque, frete e formas de pagamento, o cliente percebe segurança. Quando o *script* (bem feito, de preferência) faz com que o cliente receba uma boa recomendação do tamanho adequado ou um produto complementar, o cliente compra feliz.

Por que a conversa converte?

Três fatores explicam o poder de conversão do *chat* nesse trecho da jornada:

1. **Redução da incerteza:** Boa parte dos abandonos decorre de dúvidas simples. Resolvê-las no ato equivale a remover barreiras invisíveis que, no funil tradicional, você nem percebe que existem.

2. **Manter o cliente no contexto:** Fazer o cliente mudar de ambiente (mesmo que digital) significa gerar atrito. Por isso, manter o cliente no mesmo aplicativo garante continuidade na jornada de compra.

3. **Confiança e conexão:** Uma resposta consultiva demonstra domínio do produto e atenção para o cliente. Vender deixa de ser empurrar um item e passa a ser ajudar o cliente a fazer a melhor escolha.

Esses fatores transformam atendentes em vendedores, de fato, e não meros solucionadores de problemas. O relacionamento vira ferramenta de venda.

Nos capítulos seguintes, apresentarei o Método CHAT (Contexto, Humanização, Ativação e Tecnologia) justamente para estruturar esse trabalho de ponte. O vazio entre o interesse e a compra existe porque as empresas tratam a atração e conversão como estágios isolados.

O método, por sua vez, organiza e conecta esses pontos.

Compreendendo o Contexto do cliente e garantindo Humanização no atendimento, você desenha gatilhos de Ativação na hora certa e sustenta tudo com Tecnologia que simplifica, em vez de complicar.

Antes, porém, é fundamental reconhecer que o problema começa aqui. Sem admitir a existência deste “buraco” na jornada de compra, qualquer tentativa de otimizar campanhas ou melhorar o site é pouco eficaz.

Conversar passa a ser apenas um recurso paliativo, quando deveria ocupar posição central na estratégia.

O funil continua sendo uma metáfora útil, mas precisa de atualização. Entre o topo e o fundo, há um trecho escuro, onde desejos de compra ficam para depois. O Chat Commerce dá foco para esse ponto da jornada.

Mais do que um novo canal, ele é a ponte que liga interesse com a decisão de compra, a diferença entre um carrinho abandonado e uma venda concluída.

Nos próximos capítulos, vamos explorar o que está por trás dessa transformação.

Vamos entender como o comportamento do consumidor está sendo moldado por novas gerações, novos hábitos e novas tecnologias. E por que a conversa, especialmente a conversa feita com inteligência, se tornou o lugar onde a venda realmente acontece.

2

Gerações Z e Alpha: não ignore a mudança

As Gerações Z e Alpha já constituem uma parcela enorme da população mundial, com tendência de se tornarem metade da humanidade nas próximas décadas.

A geração Z, nascida em meados dos anos 1997 até 2012, representa hoje em torno de 25% da população global. Já a geração Alpha, nascidos de 2013 até meados dos anos 2025, está em rápido crescimento, projeta-se que alcance 2,5 bilhões de indivíduos até 2025, aproximadamente 23% da população mundial por volta de 2035, conforme dados de um estudo de 2024 da NielsenIQ e GfK em colaboração com World Data Lab (WDL).

Outro estudo de mercado, realizado pela NSC Comunicação (2024), concluiu que as gerações Z e Alpha (somadas) correspondem a cerca de 46% da população mundial, ou seja, já compõem quase metade das pessoas no planeta, e tendem a se aproximar dos 50% até 2035 conforme novos Alphas nascem e gerações anteriores diminuem.

O mesmo estudo trouxe ainda que, no Brasil, o peso dessas gerações também é significativo. A geração Z brasileira já abrange mais de um quinto da população nacional, com mais de 40 milhões de pessoas (cerca de 20% dos brasileiros). Enquanto isso, a geração Alpha representa aproximadamente 17% da população do Brasil. Em números absolutos, estima-se que haja por volta de 35 milhões de Alphas brasileiros (dado de 2023).

Portanto, juntas, as duas gerações somam perto de 37% da população brasileira atual, um contingente que crescerá em influência nos próximos anos. Ainda que a participação percentual de jovens deva cair levemente até 2035 no Brasil, em números absolutos, eles continuarão representando dezenas de milhões de consumidores em potencial.

Outro dado importante, apurado na data da publicação deste livro pelo Database Earth, aponta que a idade mediana da população brasileira, atualmente, é 34 anos, enquanto a idade mediana projetada do planeta em 2030 é de aproximadamente 32 anos.

Comportamento digital das Gerações Z e Alpha

Geração Z e Alpha são nativos digitais, com hábitos *online* bem enraizados e preferências de comunicação e mídia diferentes das gerações que os sucederam. De maneira geral, essas gerações passam muito tempo conectadas.

Conforme apontado pela McKinsey (2024a), a geração Z passa em média 6 horas diárias *online* nos seus celulares e aproximadamente 90% usam redes sociais por mais de 1 hora ao dia, e quase 50% passam mais de 3 horas diárias *online*, segundo estudo divulgado pela Creatopy (2022). Eles são a faixa etária que menos assiste TV tradicional (geralmente menos de 1h/dia), preferindo consumir conteúdo nas plataformas digitais.

Já os Alphas estão crescendo super envolvidos com tecnologia desde cedo. Antes dos 6 anos de idade, 43% deles já tinham um tablet, e 58% possuíam smartphone próprio aos 10 anos. O contato com as telas é forte, 39% têm passado pelo menos 3 horas diárias com as telas nas mãos, e 24% excedem 7 horas/dia, segundo artigo da Basis Technologies (2024).

Em 2024, estimava-se que 80% das crianças e jovens de até 11 anos assistiam a vídeos *online* mensalmente, e metade dos Alphas consome vídeo via *streaming* todos os dias.

Em resumo, essas duas gerações têm uma vida altamente digital, acessando informação e entretenimento quase que continuamente. Os canais de comunicação preferidos dessas gerações refletem isso.

Redes sociais, mensageria instantânea e *chats* em tempo real são os meios favoritos para se comunicar, tanto socialmente quanto com marcas. A geração Z evita formatos tradicionais como ligações telefônicas ou e-mails sempre que possível, optando por mensagens de texto, WhatsApp, Instagram, TikTok, etc. Em interações com empresas, tanto a turma da geração Z como os Millennials tendem a procurar atendimento via canais digitais em vez de telefone, ao contrário das gerações anteriores a eles (geração X e Boomers) que ainda valorizam mais o contato telefônico ou por e-mail (TI Inside, 2024).

Indo mais a fundo, ao observar o comportamento dos consumidores, temos que 57% dos consumidores da geração Z esperam resposta do suporte ao cliente em menos de 24h, e 27% esperam retorno em poucas horas. Isso evidencia claramente a preferência por comunicação ágil e em tempo real, típica dos meios digitais. (Robinson, 2024).

Um fato curioso trazido num artigo da McKinsey (2024b), soa até como um contraponto ao estereótipo de impaciência dos consumidores da geração Z. Ao enfrentarem um problema sério, eles mostram-se dispostos a utilizar canais tradicionais. Cerca de 70% recorrem ao atendimento humano (até telefone) se necessário para resolver algo complexo, demonstrando que eles valorizam um suporte de qualidade, assim como gerações anteriores quando a situação exige.

De modo geral, fica claro que as novas gerações esperam conveniência e agilidade nas interações, alternando naturalmente entre apps, redes sociais e *chats*, pulando de uma plataforma a outra sempre que necessário.

O formato de conteúdo predileto entre os jovens é o audiovisual nas plataformas digitais. Vídeos *online* dominam a atenção da geração Z e Alpha, sendo que o YouTube é hoje o principal canal usado para consumo de conteúdo, com 86% da geração Z usando a plataforma, seguido de perto pelo TikTok, com 74% de adesão. Essa geração praticamente abandonou a TV aberta/tradicional, sendo a que menos assiste TV entre todas. (Wendler, 2023)

Eles preferem conteúdos curtos, visualmente atrativos e on-demand, como os vídeos virais do TikTok ou *stories* no Instagram. Ao mesmo tempo, curiosamente, vídeos de formato mais longo também engajam a geração Z, haja vista que muitos deles acompanham *youtubers*, séries em *streaming* e até *podcasts*.

Já a geração Alpha, por ter ainda pouca idade, consome com mais intensidade vídeos e jogos digitais (YouTube e plataformas de *streaming* infantil, games no celular, etc), porém pesquisas indicam que muitos Alphas preferem brincar fora das telas sempre que possível, 51% dos pais dizem que seus filhos Alpha ainda optam por atividades *offline* em vez de dispositivos, mostrando que formas tradicionais de lazer não desapareceram (Basis Technologies, 2024).

A relação dessas gerações com marcas e decisões de compra é pautada pela conexão e sinergia com seus valores pessoais. Os nativos digitais pesquisam e comparam tudo *online* antes de comprar.

A geração Z dificilmente adquire um produto/serviço sem antes checar avaliações, *reviews* ou buscar informações na internet. Eles são descritos como *"consumidores inclusivos"* e valorizam autenticidade, propósito e responsabilidade social das marcas (McKinsey, 2024a).

Para conquistar a confiança do público jovem, empresas precisam ser transparentes e alinhadas a causas que esses novos consumidores acreditam e seguem. Pesquisas globais confirmam que a geração Z tende a apoiar marcas comprometidas com sustentabilidade e ética, e abandonam rapidamente aquelas vistas como falsas, sem valores respeitáveis ou que agem de forma irresponsável (McKinsey, 2024a).

Autenticidade é palavra-chave para quem quer cativar as novas gerações. Eles buscam conteúdos genuínos e conexão real com as marcas, em vez daquela propaganda tradicional meio clichê. Além disso, essas gerações seguem influenciadores digitais em peso. Um dado interessante é que 2 a cada 3 brasileiros da geração Z acompanham criadores de conteúdo nas redes e muitas vezes se orientam por recomendações de influenciadores em suas escolhas de consumo (NSC Comunicação, 2024).

No Brasil e no mundo, o *marketing* de influência e a prova social nas redes tornaram-se fatores importantes para atingir esses jovens consumidores. Por outro lado, são mais céticos com publicidade convencional e tendem a ignorar anúncios intrusivos (Wendler, 2023).

Por isso, as marcas estão adotando abordagens mais criativas e engajadoras. Não à toa, temos visto cada vez mais as marcas produzindo conteúdos interativos, memes, linguagens do universo jovem, buscando estabelecer um diálogo forte com tal público.

Quando precisam decidir o que comprar, a geração Z tem se mostrado pragmática. Apesar de toda a familiaridade digital, diante de tudo o que foi citado até aqui, podemos afirmar que a geração Z é mais prática e consciente financeiramente do que os millennials eram na mesma idade.

Ter crescido em meio a crises, como a recessão de 2008, ou a pandemia do Covid, tornou muitos jovens mais preocupados com estabilidade financeira e criteriosos nas compras. Eles valorizam custo-benefício e conveniência, mas sem abrir mão dos valores pessoais, podendo até pagar um pouco mais por marcas alinhadas às suas causas.

Já a Alpha, por ainda estar na infância/adolescência, influencia indiretamente o consumo das suas famílias. Estudos apontam que 70% das compras de categorias infantis (brinquedos, roupas, alimentação, etc.) sofrem influência direta das crianças, e 88% dos pais brasileiros afirmam ser impactados pelos desejos dos filhos ao fazer compras (Consumidor Moderno, 2023).

Ou seja, mesmo antes de terem renda própria, a geração Alpha já molda decisões de compra dos lares. Além disso, a geração Alpha tem desenvolvido preferências de marca desde cedo. Quase metade dos pais relata que seus filhos *já têm marcas favoritas* mesmo tão jovens (Basis Technologies, 2024).

Essa precocidade reforça a necessidade de as empresas construírem conexões com os Alphas, dando importância para conteúdos infantis e presença digital, pois a lealdade de marca pode começar na infância.

Em suma, as gerações Z e Alpha tendem a ser consumidores exigentes, bem-informados e guiados tanto por conveniência tecnológica quanto por identificação com os valores da marca.

Tendências de consumo os impactos no varejo digital

As gerações Z e Alpha estão transformando o varejo digital com seus novos hábitos de consumo, expectativas elevadas e influência crescente no mercado. Em primeiro lugar, vimos que as duas gerações já possuem um número expressivo de integrantes mundo afora.

Além disso, hoje eles movimentam bilhões em consumo e seu poder de compra só aumenta. Globalmente, a geração Z desponta como a maior geração em tamanho e a futura maior força de consumo. O Bank of America projeta que por volta de 2035 a geração Z será o grupo mais rico da história, herdando riqueza e crescendo profissionalmente (Sheffield, 2025).

Mesmo antes disso, seu impacto é desproporcional. Na China, por exemplo, a geração Z representa apenas 20% da população, mas já responde por cerca de 40% do consumo. No Brasil, com quase 24% da população, eles também formam uma parcela de consumidores decisiva para várias categorias. As empresas já reconhecem essa realidade, e 80% dos profissionais de *marketing* globais concordam que é preciso estratégias específicas para engajar a geração Z (Meio e Mensagem, 2024).

Ou seja, as novas gerações estão impulsionando tendências de consumo e forçando marcas a inovarem em produtos, comunicação e canais de venda.

Quais são as expectativas dessas gerações quanto à experiência de compra?

Em geral, a geração Z e Alpha esperam uma jornada de compra sem fricção, rápida e *omnichannel*. Por terem vidas integradas entre o mundo físico e digital, eles desejam transitar sem barreiras entre lojas *online*, apps, redes sociais e lojas físicas, sem fricção na experiência (MarketSource, 2025).

Mobilidade é fundamental, pois as compras via *smartphone* já são padrão para os jovens, assim como descobrir produtos e tendências pelo celular. De fato, a descoberta de produtos pelas redes sociais é uma forte tendência: a maioria da geração Z encontra inspiração de compra no TikTok/Instagram, seja por influenciadores demonstrando produtos, seja por anúncios nativos nessas plataformas.

Essa influência se estende à moda, beleza, tecnologia e demais setores, o chamado ***social commerce*** ganha tração com as gerações mais novas. Além disso, essas gerações valorizam conveniência e imediatismo. Por isso, torna-se de suma importância ter processos de *checkout* simplificados, entregas rápidas e opções como compra com um clique ou pagamento via carteiras digitais, e no Brasil, adoção massiva do Pix entre jovens melhoram a avaliação da experiência.

Em contrapartida, toleram pouco quando há fricção no caminho. Sites e apps que demoram, suporte que não responde ou falta de interfaces amigáveis para celulares podem fazer a marca perder um cliente jovem rapidamente. Em resumo, para as gerações Z e Alpha, a experiência de compra ideal precisa ser rápida, prática e integrada e, acima de tudo, sem fricção.

O atendimento conversacional e personalizado desempenha um papel cada vez mais importante para atender às expectativas desses jovens consumidores.

Acostumados a interações instantâneas, eles esperam suporte 24/7 e respostas ágeis. Pesquisas mostram que 57% dos clientes da geração Z esperam resposta do atendimento em menos de um dia, e 27% querem retorno em questão de horas, bem mais exigente que gerações anteriores (Robinson, 2024).

Chatbots e assistentes virtuais surgem como soluções para dar conta dessa demanda de rapidez, e os jovens têm menos resistência a eles, uma vez que a geração Z e Millennials estão mais abertos a interagir com IA no atendimento, pois já convivem com assistentes virtuais no dia a dia, como a Alexa e Siri, por exemplo (TI Inside, 2024).

As novas gerações aceitam um atendimento automatizado, desde que seja eficiente e útil. Enquanto os Baby Boomers evitam compras via *chatbot*, os Millennials e a geração Z demonstram estar mais aptos a comprar com o apoio de um assistente virtual.

No contexto de Chat Commerce, isso é crucial. Oferecer atendimento e vendas por aplicativos de mensagem como o WhatsApp, Messenger, ou até mesmo via *chat* no próprio site pode converter os jovens onde eles se sentem confortáveis em conversar.

Marcas no Brasil já exploram vendas por meio do WhatsApp visando os consumidores da geração Z, por exemplo. Experiências personalizadas também são altamente valorizadas por esses consumidores que cresceram em meio a algoritmos e recomendações (as redes sociais educaram para isso) e esperam que as marcas usem seus dados para personalizar ofertas e comunicação.

Mas cabe um cuidado a mais para atender aos anseios da personalização, não basta só chamar o cliente pelo nome. As novas gerações querem recomendações alinhadas ao seu histórico e preferências.

Da mesma forma, olhando para os próximos anos, podemos apostar que a geração Alpha, por ter amadurecido em um mundo com IA por todos os lados, vai exigir interações ainda mais contextuais e sob medida.

Para conquistar o coração dos Alphas, vai ser preciso entregar experiências digitais personalizadas e super conectadas. Assim, no varejo digital, vemos a ascensão de recomendações inteligentes, *live chats*, realidade aumentada para provar produtos virtualmente, entre outras inovações centradas nas novas gerações.

Mais do que nunca, as tendências de consumo impulsionadas pelo avanço das gerações Z e Alpha vão forçar o varejo a se reinventar constantemente. Essas gerações buscam novidade e relevância, e as marcas que não se atualizarem vão ficar para trás.

Temos visto um aumento de novos formatos de compra focados no público jovem, como programas de assinatura customizados, vendas em plataformas de games e metaverso, além de segmentos de coleções limitadas exclusivos para o público de certas redes sociais, para citar alguns exemplos já aplicados com certa frequência.

No segmento de moda e beleza, por exemplo, a experimentação virtual com o uso de filtros de realidade aumentada para testar maquiagens, provadores virtuais de roupa tem caído na graça da geração Z, além de iniciativas de segunda mão (os brechós), alinhadas à preocupação sustentável.

Outro ponto importante está mais ligado à construção de marca. Se uma empresa decepciona, por vender produto de qualidade ruim ou postura questionável, o consumidor jovem troca por outra sem olhar para trás e divulga sua insatisfação nas redes (McKinsey, 2024b).

Por outro lado, quando percebem valor na marca, são clientes que podem amplificar positivamente a marca em suas comunidades *online*.

Portanto, o varejo tem buscado não apenas vender, mas engajar, investindo em construção de comunidade, conteúdo relevante e diálogo contínuo nas plataformas onde a geração Z e Alpha estão.

Um atendimento que une vendas e relacionamento, transformando o suporte (aquele reativo que nós conhecemos) em um apoio consultivo para a venda, é parte dessa evolução. Estratégias como a adoção de atendentes virtuais que, além de resolver problemas, recomendam produtos, são um bom exemplo dessa evolução.

Esse fenômeno de **atendimento como canal de vendas *(Chat Commerce)*** tende a crescer conforme essas gerações, que já enxergam pouca distinção entre conversar e comprar, passam a dominar o mercado consumidor.

Eu não tenho dúvidas de que a geração Z e Alpha estão redefinindo o comportamento de consumo e forçando uma transformação no varejo digital.

Elas já compõem uma fatia enorme da população global hoje (46%) e, como vimos, serão 50% em 2035, trazendo consigo novos padrões: hiperconectividade, exigência por rapidez, autenticidade e personalização.

Marcas que querem prosperar nesse cenário precisam entender profundamente essas gerações, tanto seus valores quanto seus hábitos digitais, e adaptar suas estratégias.

Isso inclui desde ajustar a comunicação nos canais certos (YouTube, TikTok, Instagram, *chats*) até repensar a experiência de compra (omnicanal, direta e interativa) e o atendimento cada vez mais automatizado e consultivo.

Diversas fontes, de consultorias globais como McKinsey e WGSN a institutos como IBGE e Euromonitor, convergem na importância de que a geração Z e Alpha são os motores do novo consumo.

Preparar-se para eles não é opcional. É neles que reside o futuro do comércio e do relacionamento com clientes, num mundo em que atender pelo *chat* pode valer tanto quanto atender no balcão.

As novas gerações e o hábito de conversar

Durante muito tempo, as empresas moldaram suas estratégias de vendas com base em um tipo de consumidor que valorizava a eficiência dos processos, a comparação e a jornada de compra tradicional.

Era alguém que escolhia pelo preço, pela condição de pagamento e pela reputação da marca, e que aceitava preencher cadastros, e quando necessário, até esperar alguns dias por uma resposta.

Mas esse perfil mudou.

Com a entrada de novas gerações no mercado, especialmente a geração Z e, mais recentemente, a geração Alpha, o comportamento de compra passou a refletir outra lógica, com fluxos mais simples, sem fricção, mais imediatos e mais interativos.

Essas gerações cresceram conectadas, habituadas a se relacionar por mensagens, a consumir conteúdo sob demanda e a resolver tudo com poucos toques na tela.

Como falado anteriormente, no mundo, as gerações Z e Alpha somam aproximadamente 46% da população mundial hoje, e em breve (até o ano de 2035) serão 50% do mundo.

No Brasil, a força dessas gerações também é evidente. A geração Z representa mais de 20% da população brasileira. E a Alpha, embora mais nova, já influencia o comportamento de compra nas famílias, não só como consumidores em formação, mas como decisores indiretos em categorias como alimentação, brinquedos e até serviços digitais.

O que essas gerações têm em comum é o fato de terem nascido em um mundo onde a conexão é contínua, passando mais de 6 horas por dia *online*, principalmente em redes sociais e apps de mensagens. A geração Alpha, mesmo com idade entre 4 e 14 anos, já cresce em contato constante com *tablets*, *smartphones* e plataformas como YouTube e TikTok. Muitas dessas crianças acessam seus próprios dispositivos antes mesmo de completar 10 anos.

Mas mais do que estar *online* o tempo todo, essas gerações se acostumaram a resolver tudo conversando. Pedem comida pelo *chat*, fazem compras por mensagens, tiram dúvidas em tempo real.

Elas não têm paciência para processos burocráticos, não gostam de esperar dias por e-mails e, na maioria das vezes, preferem evitar uma ligação telefônica.

Na prática, quando querem algo, mandam uma mensagem. Simples assim.

E se a marca não responde ou demora para interagir, elas simplesmente vão embora. Sem ressentimento. Mas também sem aviso.

Para a geração Z e, ainda mais, para a Alpha, conversar com uma empresa por *chat*, WhatsApp ou via rede social já é o padrão. Elas não enxergam o atendimento como uma etapa à parte da jornada de compra. Pelo contrário, muitas vezes, é ali que a jornada começa.

Elas perguntam, testam, provocam. Querem saber se o produto está disponível, se entrega rápido, se dá para pagar com Pix. E se a resposta vem do jeito certo, na hora certa, a compra acontece ali mesmo. No meio da conversa.

O desafio é que a maioria das empresas ainda não entende esse movimento. Ainda tratam o atendimento como suporte. Como uma etapa que só entra em cena quando algo dá errado.

É aí que as oportunidades escapam, pois para essas novas gerações, a conversa é parte natural da decisão de compra.

Essas pessoas não se impressionam com vitrines perfeitas ou páginas institucionais bem escritas. Elas querem saber se vão ser bem atendidas quando tiverem uma dúvida. Querem respostas rápidas, gente que fale a sua linguagem, com clareza e proatividade.

Além do mais, esperam que a marca esteja presente no canal que elas usam. Por isso, não adianta investir pesado em performance e tráfego pago se, ao final do funil, o relacionamento é frio, lento ou ineficiente.

Essas gerações colocam uma régua alta na experiência de compra, e não por mero capricho. É o reflexo de uma geração que cresceu com respostas imediatas, com algoritmos que antecipam desejos e com interfaces que respondem em tempo real.

A geração Alpha tende a seguir pelo mesmo caminho. Mesmo ainda jovens, já têm marcas favoritas, já assistem *reviews online* antes de decidir, e já influenciam o que os pais compram. Estão crescendo com IA, assistentes de voz, compras por comando e experiências cada vez mais personalizadas. Elas vão exigir mais do que agilidade, vão esperar inteligência.

O ponto de virada aqui é entender que essas novas gerações não veem diferença entre conversar e comprar.

Elas não separam as etapas como as gerações anteriores. Não fazem distinção entre um atendimento que informa e um que vende. Para elas, se a conversa for útil, confiável e direta, é ali mesmo que a compra acontece.

Por isso, a mensagem principal para você refletir é que o *chat* deixou de ser canal de suporte e passou a ser canal de conversão. E não se trata de uma tendência futura, já é realidade.

A geração Z e Alpha movimentam bilhões em consumo no mundo e no Brasil. São influenciadores diretos e indiretos em categorias como moda, tecnologia, beleza, brinquedos, alimentação, serviços digitais e muito mais.

Elas não esperam que as marcas falem com elas. Esperam que conversem, que escutem, que tenham alma.

E quem não estiver preparado para isso vai perder espaço. Não por falta de produto ou preço, mas por falta de presença no canal certo, no tempo certo, com a linguagem certa.

No próximo capítulo, vamos olhar para esse novo papel do atendimento e por que, cada vez mais, ele deixa de ser um centro de custo para se tornar um dos maiores canais de receita do varejo digital.

Porque vender, no fim das contas, passa a ser a habilidade de conversar, se relacionar e gerar conexão. Quem entender isso, e pôr em prática, vai estar na frente.

3

Atendimento: do centro de custo ao centro de conversão

Por muito tempo, o atendimento foi visto como um mal necessário. Um setor que existe para lidar com os problemas depois da venda. Para resolver dúvidas, acalmar clientes insatisfeitos ou emitir segunda via de boleto.

E por isso, quase sempre foi tratado como centro de custo.

Era o lugar para onde eram direcionados os chamados operacionais. Um setor isolado do *marketing*, separado do comercial e distante da tomada de decisão. Poucos gestores entendiam o impacto real do atendimento no negócio, e menos ainda o viam como fonte de receita.

Mas o cenário está mudando mais rápido do que muitas empresas conseguem acompanhar.

Hoje, o atendimento deixou de ser reativo. Virou estratégico.

Em vez de apenas resolver problemas, ele passou a fazer parte do processo de venda. Em vez de esperar o cliente reclamar, passou a escutá-lo enquanto ele ainda está decidindo se compra, e é nesse ponto que ele se torna um canal de conversão.

Quando pensamos no comportamento atual do consumidor, especialmente nas novas gerações, é fácil entender essa virada. Acredito que você esteja convencido de que algo novo está diante dos nossos olhos.

A jornada de compra agora é fragmentada, onde o cliente não passa mais por uma esteira linear que começa na caixa de pesquisa do site e termina no *checkout*. Ele entra e sai do processo inúmeras vezes, faz perguntas, compara, até que decide. Muitas vezes isso ocorre no próprio *chat*, antes mesmo de navegar pelo catálogo de produtos do site.

E em qual canal isso tudo acontece? No canal que parece mais rápido, mais direto, mais habitual. Pode ser no WhatsApp, na DM das redes sociais, nos *marketplaces*, no *chat do site*.

É no canal onde o cliente puxou uma conversa que ele decide se compra ou se vai embora. Por isso, o atendimento deixou de ser "a etapa que vem depois da venda" para se tornar "aquele que define se a venda vai acontecer".

A regra do jogo é simples, quem responde com empatia e agilidade conquista o cliente.

E mais, na maioria das vezes, as empresas nem percebem que perderam, porque o cliente não reclama, ele só vai embora. Vai comprar de quem atende melhor.

Empresas que já entenderam isso começaram a fazer um movimento poderoso: **transformar o atendimento em canal comercial.** Ou então, se preferir, começaram a transformar o seu canal comercial em um canal de atendimento estruturado.

Isso não significa virar *call center* de vendas. Significa enxergar cada conversa como uma oportunidade de ativação. Significa entender que, se o cliente está perguntando, ele já está no processo de venda, e quem interage bem pode acelerar esse movimento em direção à compra.

A verdade é que as marcas que se destacam hoje não são necessariamente as que têm o melhor produto. São as que se conectam e se relacionam melhor.

E atender bem não é apenas ter bons argumentos, é ter processo. Ponto importante esse, processo, com lógica comercial. É atuar de forma profissional, como quem quer vender, não apenas como quem quer ser educado, para cumprir tabela.

Quando a gente pensa em atendimento como canal de conversão, surgem novas perguntas que deveriam ser feitas em qualquer operação:

- Qual é o tempo médio de resposta por canal?
- Quantas conversas viram pedido?
- Quais palavras aparecem com mais frequência antes da compra?
- Quais perguntas costumam travar a decisão?
- Qual canal responde mais rápido e converte melhor?

Essas perguntas não são operacionais, são estratégicas.

Durante a minha jornada na Loopia, temos acompanhado casos reais todos os dias. Lidamos com empresas que aumentaram o volume de pedidos só por reorganizar o fluxo de atendimento. Empresas que pararam de tratar o WhatsApp como um “quebra-galho” e passaram a operar ali como um canal oficial de vendas.

E posso afirmar para você, mudou tudo.

Se o atendimento é feito só para responder, ele é custo. Se é feito para guiar a compra, ele vira canal de receita.

No próximo capítulo, vamos falar sobre os canais de venda que estão se tornando protagonistas, como o WhatsApp, o *chat*, as redes sociais. Canais que antes eram secundários e hoje carregam boa parte da decisão de compra. E que, se bem operados, podem fazer o funil tradicional parecer coisa do passado.

PARTE **2**

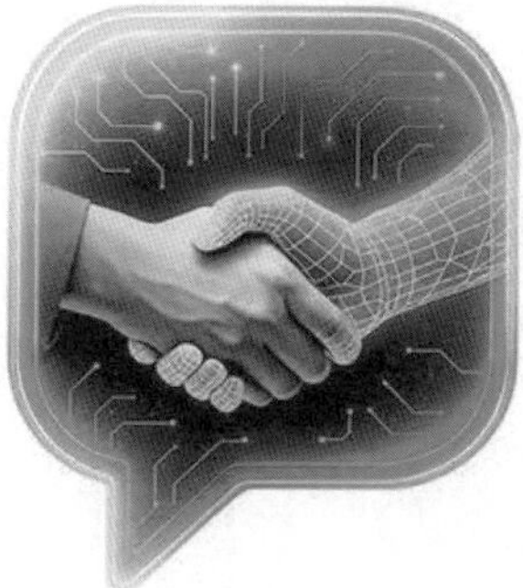

O CHAT COMMERCE COMO NOVO CANAL DE RECEITA

4

O que é (e o que não é) Chat Commerce

EM QUALQUER SETOR, É comum que novos comportamentos de consumo sejam seguidos por novos termos de mercado. É uma tentativa de nomear transformações em curso, dar forma a novos movimentos e organizar a forma como as empresas reagem a eles.

Termos como *"omnichannel"*, *"customer success"*, *"headless commerce"* e *"live commerce"* surgiram justamente assim: como rótulos que ajudam a traduzir mudanças em andamento.

Em alguns casos, esses conceitos se consolidam. Em outros, viram apenas modismos passageiros. O fato é que, quando mal compreendidos, podem mais confundir do que esclarecer.

O termo **Chat Commerce** surge para conceituar algo novo, um novo hábito de vender e comprar, mas traz consigo o desafio de ser bem compreendido, para ser bem implementado.

Nos últimos anos, ele ganhou espaço em eventos, relatórios, artigos de tendências e discursos corporativos. Mas, como costuma acontecer quando um novo conceito começa a circular, sua aplicação ainda é cercada de interpretações distintas, e muitas vezes superficiais.

Há quem associe o Chat Commerce apenas à venda via WhatsApp. Outros o entendem como qualquer operação que utilize *chatbots*. E não são poucos os que acreditam que basta ter um botão de *chat* na loja virtual para aderir a essa nova forma de vendas *online*.

Na prática, nenhuma dessas definições abrange o conceito de forma completa, porém todas estão relacionadas.

O que define o Chat Commerce não é o canal utilizado, nem a presença de automação, nem o tipo de interface adotada. O que define o Chat Commerce é **a mudança no comportamento do consumidor.** Ele nasce quando o varejo reconhece que, para uma parte significativa dos consumidores, a conversa deixou de ser um suporte eventual e passou a ser **o espaço onde a decisão de compra acontece de fato.**

Durante décadas, a estrutura tradicional do e-commerce funcionava de forma relativamente linear. O consumidor chegava até a loja, navegava pelas categorias, escolhia um produto, seguia para o carrinho e finalizava o pedido. A interação com a marca acontecia, quase sempre, depois da compra, em caso de dúvidas, problemas ou solicitações. Era o atendimento reativo, posicionado como último recurso.

Ninguém comprava *"pelo atendimento"*. O objetivo era que ele nem fosse acionado e, em muitos casos, estava bem distante do fluxo comercial.

Essa lógica começou a ser transformada à medida que os canais de contato se multiplicaram e o comportamento das novas gerações passou a integrar a conversa como parte natural da jornada.

Consumidores mais jovens, e cada vez mais exigentes, não querem esperar por um e-mail. Também não gostam de preencher formulários frios ou ficar navegando por dezenas de páginas para encontrar a informação que procuram. Quando têm uma dúvida, enviam uma mensagem. Quando precisam confirmar um detalhe, recorrem ao WhatsApp, às mensagens diretas do Instagram ou ao *chat* do site. E esperam resposta rápida, direta e, acima de tudo, útil.

É exatamente nesse momento que surge o Chat Commerce como um canal de venda *online*.

Chat Commerce é, em essência, **a estratégia de transformar canais de conversa em canais de conversão.** É utilizar o potencial de interação em tempo real para ativar vendas de forma propositiva. Isso significa que não se trata apenas de "responder rápido", mas de **responder com um propósito claro.**

Significa que o objetivo da conversa não é apenas acolher o cliente, mas conduzi-lo para a decisão de compra, respeitando o tempo, o tom e o contexto de quem está do outro lado.

Essa abordagem pode ser aplicada em diferentes canais: WhatsApp, Facebook Messenger, *inbox* do Instagram, *chats* integrados aos *marketplaces* ou aos próprios sites das lojas. O canal específico é menos importante do que a lógica que orienta a interação e o relacionamento.

Em todos os casos, o princípio é o mesmo: quando o cliente pergunta, ele está dando um sinal, e esse sinal, quando bem interpretado, pode ser o início de uma venda.

Muitas empresas, no entanto, ainda operam com um modelo mental equivocado. Três respostas automatizadas genéricas, um *chatbot* travado ou uma demora de três horas para responder a uma pergunta simples são suficientes para matar o interesse. Em um cenário de atenção disputada e abundância de opções, a empresa que responde bem tem uma chance. A que responde mal, perde sem saber.

Vale destacar que o Chat Commerce **não é um substituto para o e-commerce tradicional**, mas sim um complemento estratégico. Ele não anula a necessidade de uma boa loja virtual, de campanhas bem estruturadas ou de uma jornada pensada para o autoatendimento. O que ele faz é ampliar os pontos de contato com o consumidor e permitir que a decisão de compra aconteça no momento em que o desejo de compra está quente.

Para ilustrar de forma prática: imagine um cliente que vê um anúncio de um produto no Instagram, entra no perfil da loja e envia uma mensagem com uma dúvida. Essa mensagem, por mais simples que pareça (*"Tem no tamanho G?", "Chega antes de sexta?", "Consigo pagar no Pix?"*), representa uma oportunidade concreta de venda. Se a empresa responde de forma clara, empática e ágil, até mesmo oferecendo um *link* direto para o *checkout*, a conversão pode acontecer ali mesmo, dentro da conversa. Sem precisar redirecionar o cliente para um novo canal, sem exigir que ele repita suas informações, sem criar obstáculos.

É nesse cenário que o Chat Commerce se mostra poderoso.

Mas para que isso aconteça, é preciso estrutura. É preciso abandonar a ideia de que canais de conversa são secundários. Adicionalmente, é preciso aplicar inteligência (humana ou artificial) para garantir que as interações não fiquem soltas, repetitivas ou descontextualizadas.

A automação pode, sim, ser uma aliada. Chatbots e fluxos automatizados têm papel importante, especialmente quando bem treinados e desenhados com foco em eficiência. O que não pode acontecer é deixar que a automação substitua a estratégia. Um bom *chatbot* não é aquele que responde qualquer coisa, mas o que atua como filtro, como ponte, como facilitador, e quando bem integrado a um time preparado, ele acelera o processo em vez de travá-lo.

Da mesma forma, o atendimento humano precisa ser preparado para atuar com uma pegada comercial. Não basta ser educado, é preciso ter repertório, domínio dos produtos, conhecimento sobre o perfil do cliente e clareza sobre os objetivos de cada interação. O profissional que atua no *chat*, seja vendedor ou atendente, precisa entender que cada conversa é uma oportunidade de conversão, e deve ser tratada como tal.

Os dados confirmam a relevância desse canal. Segundo o relatório Mobile Time/Opinion Box (2025), 79% dos brasileiros utilizam o WhatsApp para se comunicar com empresas e 63% dos entrevistados afirmaram que já compraram produtos diretamente por esse canal. Isso significa que a venda pelo *chat* já acontece, com ou sem planejamento. A diferença é que, quando há estratégia, a taxa de conversão tende a subir, o tempo de resposta tende a cair e a experiência tende a melhorar.

Adotar o Chat Commerce como estratégia, portanto, é reconhecer que o consumidor atual quer resolver sua compra do mesmo jeito que resolve boa parte da sua vida: conversando. É entender que a venda não começa mais no clique, ela começa na troca e na força da conexão das marcas com seus consumidores.

5

Por que (quase) ninguém está olhando para o meio do funil

EM TODA CONVERSA SOBRE funil de vendas, os extremos costumam roubar a cena. O topo do funil recebe atenção porque ali está o tráfego, os anúncios, os criativos chamativos que prometem chamar a atenção de quem ainda nem sabe que quer comprar.

É a fase da descoberta, onde o volume importa e quanto mais alcance, melhor.

Na outra ponta, o fundo do funil é onde mora a conversão. É o botão de "comprar agora", o *checkout* otimizado, a campanha de *remarketing*, o cupom de última chance, o frete grátis e por aí vai.

É onde o cliente já decidiu, ou está a um passo de decidir. Aqui, a métrica a ser perseguida é a taxa de conversão, e todo o esforço vale para fazer com que ela melhore, mesmo que 0,01%.

Mas entre esses dois extremos, existe uma zona crítica, muitas vezes negligenciada. Um espaço onde o interesse se manifesta, mas a decisão ainda não chegou. Onde o cliente já está quente demais para ser tratado como desconhecido, mas ainda frio demais para clicar direto no botão de compra.

Esse lugar é o **meio do funil**, e é justamente nele que moram algumas das maiores oportunidades de venda, especialmente no varejo digital de hoje.

O problema não está na jornada, está no que não vemos dela

Nos últimos capítulos, discutimos como a jornada de compra mudou. O consumidor atual não caminha de forma linear, e o funil tradicional já não representa a realidade como antes. Em vez de trilhar etapas previsíveis, o cliente atual fica num zig-zag entre anúncios, comparações, dúvidas e tomadas de decisão.

Mas mesmo que a jornada seja fragmentada, ela ainda existe. O desejo de compra continua sendo o ponto-chave. A diferença é que o meio do funil está se tornando mais puxado do que empurrado.

Permita que eu explique um pouco melhor essa questão.

O cliente foi inicialmente impactado por um anúncio. Em seguida, acessou o seu perfil numa rede social, curtiu um post e talvez até chegou a navegar pela página do produto… mas ainda não comprou, está nesse meio.

Talvez ele tenha uma dúvida, talvez esteja comparando. Talvez precise mostrar o produto para alguém antes, ou talvez só esteja esperando uma resposta no *chat* (em algum dos seus canais de contato) para confirmar algo antes de tomar a decisão.

É aqui que muita gente se perde. Empresas investem fortunas para atrair visitantes e otimizam milimetricamente a posição e a cor do botão de *checkout*. Mas não monitoram, e muitas vezes nem reconhecem, a riqueza de sinais que acontecem no meio da jornada.

E por não enxergar, não agem.

O meio do funil se manifesta nas conversas

Um dos principais sintomas de um funil mal acompanhado é o silêncio no *chat*. Na maior parte das vezes, não o silêncio do cliente, mas o da empresa. Pior ainda, é quando há ruído vindo das respostas automáticas mal configuradas, dos atendentes despreparados, dos fluxos de *chatbot* que levam o cliente do nada a lugar nenhum.

Quantas vezes o cliente manda uma pergunta simples *("qual o prazo de entrega?", "tem na cor azul?", "consigo parcelar no boleto?")* e a empresa demora horas para responder? Ou responde sem clareza? Ou transfere para outro canal? Sem falar nas inúmeras vezes que acaba caindo no esquecimento.

Essas perguntas não são meramente operacionais, são sinais de que há intenção de compra no outro lado da tela. São indícios de que a pessoa está prestes a decidir. São as últimas barreiras que, se forem superadas, abrem espaço para a compra.

Mas como esse momento não aparece em relatórios tradicionais, pois não fica registrado como uma conversão, nem como uma desistência. Logo, costuma passar batido, e é nesse ponto que as oportunidades são perdidas, sem ao menos serem encaradas como oportunidades de fato.

A zona cega das ferramentas tradicionais

Ferramentas de *analytics*, como Google Analytics, Meta Ads Manager, entre outras, são ótimas para medir cliques, impressões, sessões, *bounce rate*, conversões. Mas elas não mostram o que acontece entre o clique no anúncio e a decisão de comprar ou sair.

Elas não contam quantas pessoas quase compraram, aquelas que desistiram quando estavam quase lá. Nem mostram quantas interações nos canais de conversação resultaram em respostas incompletas, ou em silêncio.

Essas ferramentas operam com eventos binários: clicou ou não clicou, comprou ou não comprou.

Mas no meio do funil mora um outro tipo de dado. Um dado mais subjetivo, mais difícil de rastrear, mas essencial: a conversa. O motivo pelo qual o cliente ainda não tomou a decisão de colocar o produto no carrinho e comprar por conta própria.

Para acessar esse tipo de dado, é preciso mudar o olhar. Não basta olhar para gráficos de performance, é preciso abrir as conversas, ler as interações, acompanhar o tempo de resposta, a qualidade do texto enviado, a taxa de abandono do *chat*, para citar apenas os pontos mais relevantes.

Métricas invisíveis (que valem mais do que parecem)

Anteriormente, vimos como algumas métricas não tão óbvias ajudam a revelar oportunidades escondidas. O meio do funil é o principal lugar onde essas métricas ganham relevância.

Quer saber se seu meio do funil está sendo bem tratado? Olhe principalmente para as seguintes métricas.

- **Tempo médio até a primeira resposta no WhatsApp:** Quanto tempo seu cliente espera antes de ser respondido pela primeira vez? Essa métrica, muitas vezes ignorada, pode ser o divisor entre manter o interesse vivo ou deixar a conversa esfriar.

- **Taxa de abandono do *chat*:** Quantos clientes iniciam uma conversa e não são atendidos a tempo? Ou desistem no meio? Esses abandonos são, em muitos casos, abandonos de carrinho disfarçados.

- **Taxa de clique em *links* enviados no *chat*:** O atendente envia um *link* para o produto ou *checkout*. O cliente clica? Se não clica, talvez a abordagem esteja falha, ou o *timing* esteja errado. Se clica, mas não compra, talvez falte um acompanhamento posterior.

- **Quantidade média de mensagens por venda:** Quantas interações são necessárias, em média, para fechar uma venda? Esse dado ajuda a entender o grau de complexidade do processo e a treinar a equipe para encurtar a jornada sem perder qualidade.

Esses indicadores não estão nos *dashboards* tradicionais. Mas podem ser extraídos dos sistemas de atendimento com um pouco de método. E mais, quando acompanhados de perto, revelam o que está travando a conversão, bem como o que está funcionando melhor do que se imaginava.

O meio do funil é terreno fértil para o Chat Commerce

É justamente no meio do funil que o Chat Commerce demonstra seu verdadeiro valor, porque é ali que a conversa se torna essencial.

Sabemos que grande parte de quem está ali são clientes engajados, mas que ainda não decidiram.

Eles precisam de um empurrão, que se manifesta na forma de uma confirmação, uma dúvida respondida, ou um esclarecimento que traz aquele fator de segurança adicional de que dá para confiar na sua marca.

Neste momento, as empresas preparadas capturam essas oportunidades, simplesmente estando disponíveis, atendendo com agilidade e mentalidade de vendedor.

O que antes era feito pelo vendedor na loja física, aquele que se aproximava, perguntava se podia ajudar, explicava o produto, sugeria algo melhor, hoje pode (e deve) ser feito pelo vendedor invisível no *chat*.

Mas isso só acontece se houver preparo e, acima de tudo, se houver processo. Se o atendimento estiver treinado, alinhado, com autonomia e com dados à disposição.

O meio do funil não se resolve sozinho. Ele precisa ser cultivado, com escuta ativa, com respostas estratégicas, com empatia e com foco em conversão.

Por que ninguém está olhando?

A resposta não é única, mas passa por três fatores principais:

1. **Falta de consciência:** Muitas empresas ainda não sabem que estão perdendo vendas no meio do funil. Como não têm ferramentas que mostrem isso de forma clara, acabam achando que o problema está na taxa de conversão do site, e não nas interações que foram tratadas de qualquer jeito.

2. **Foco excessivo em performance e mídia:** O *marketing* digital nos ensinou a olhar para números de topo e fundo. Investimos em tráfego e cobramos ROI das campanhas. Mas esquecemos que entre o clique e a conversão existe uma zona que precisa ser nutrida. E essa zona não se resolve com mais mídia, ela se resolve com relacionamento bem feito.

3. **Cultura de atendimento reativo:** Grande parte das operações ainda trata o atendimento como setor de suporte. Não há processos voltados para ativar vendas via conversa, muito menos se mede o impacto do atendimento na conversão. Não se treina a equipe para vender, apenas para responder.

Talvez ler isso tenha causado um desconforto, pois muitos percebem que se encaixam em algum dos fatores (ou nos três).

Mudar essa lógica exige visão e coragem. Mas, acima de tudo, exige uma nova forma de pensar o funil, uma forma que não ignora o que acontece no meio. Pelo contrário, que passa a encarar o meio do funil com mais estratégia.

O meio do funil é onde as marcas se tornam humanas

Existe algo profundamente poderoso em uma boa conversa. Quando o cliente se sente escutado, entendido e orientado, ele se aproxima. Ele confia, e confiança, em tempos de excesso de informação e promessas vazias, vale mais do que qualquer desconto.

O meio do funil, quando bem trabalhado, é onde a marca se mostra presente. Onde ela humaniza o digital. Onde ela enxerga clientes indecisos e os transforma em oportunidades reais.

É nesse ponto que o atendimento se transforma em vendas, onde o Chat Commerce se mostra estratégico. É nesse ponto que o varejo digital cresce, quando aprende a escutar e estabelecer diálogo com o cliente.

Não é porque a transação acontece *online* que devemos descartar a importância do relacionamento entre marcas e consumidores. Não esqueça que é isso que as novas gerações estão enxergando como valioso.

Para pensar e agir

Se você chegou até aqui, é provável que já tenha repensado alguns processos da sua operação. Mas aqui vão algumas perguntas que podem te ajudar a avançar:

- Você sabe quantos clientes interagem com sua marca e não compram, mesmo estando engajados?

- Quantas dúvidas ficam sem resposta em tempo aceitável?

- Seu time de atendimento sabe reconhecer uma oportunidade de venda disfarçada de pergunta?
- Você tem indicadores específicos para medir a performance do meio do funil.
- Seu processo comercial tem alguma ação específica para quem está nesse estágio da jornada?

Se a resposta for *"não"* para a maioria dessas perguntas, não há problema. Este livro é justamente para isso: abrir janelas que estavam fechadas.

E uma das mais importantes é o meio do funil. É ali que a decisão está sendo formada. É ali que o vendedor invisível precisa atuar com mais precisão, onde as marcas mais inteligentes estão crescendo.

6

Social Commerce: insira-se onde o relacionamento acontece

Durante muito tempo, a venda *online* foi imaginada como uma extensão do varejo físico: vitrines digitais, carrinhos de compras, *checkout*. Mas algo mudou no comportamento do consumidor.

Hoje, ele não quer apenas navegar: ele quer interagir, compartilhar, perguntar, ser influenciado e, muitas vezes, comprar no mesmo ambiente onde tudo isso acontece.

Assim nasce o **Social Commerce**, a venda integrada às redes sociais.

Social Commerce não é apenas *"vender pelo Instagram"*, é transformar plataformas sociais em verdadeiros canais de vendas, onde tem muita gente transitando, onde o entretenimento, a conversa e a compra se fundem em um único pacote de experiência.

Parece natural hoje, mas essa transformação foi silenciosa, evoluiu de forma gradual, mas é irreversível.

O que é Social Commerce

De forma prática, Social Commerce é o processo de vender produtos ou serviços diretamente dentro de plataformas sociais, como Instagram, TikTok, Pinterest, Kwai, entre outras.

O usuário descobre, interage e finaliza a compra sem sair da plataforma. Diferente do e-commerce tradicional, onde o consumidor é enviado para uma loja, no Social Commerce a loja vai até onde o consumidor já está.

Alguns exemplos reais de Social Commerce:

- Um consumidor vê um vídeo no TikTok mostrando um tênis e, com poucos cliques, compra direto dentro do app.

- Uma marca de roupas faz um *post* carrossel no Instagram com produtos etiquetados para compra imediata.

- Um influenciador recomenda um *gadget* e gera vendas instantâneas por *links* integrados à rede social.

- Um cliente pede sugestões no WhatsApp de uma loja e finaliza a compra conversando com um atendente (ou IA).

Cada exemplo traz um elemento-chave: a experiência de compra acontece dentro da jornada social, sem ruptura.

Não quebrar a jornada do cliente é o ponto essencial, portanto estar preparado para conduzir o cliente até o momento do pagamento sem fazê-lo pular de app em app é o que faz o Social Commerce ser uma grande oportunidade.

Some ao conceito apresentado os seguintes fatores:

- As redes sociais deixaram de ser apenas vitrines de marca para se tornarem pontos de venda ativos.
- As barreiras entre entretenimento, descoberta e compra estão desaparecendo.
- Conversar é, cada vez mais, parte natural do processo de compra.

Antes, redes sociais eram canais de influência: as pessoas viam tendências, se inspiravam, mas precisavam sair dali para comprar. A cada novo dia, as plataformas têm encurtado o caminho, o que é visto e desejado pode ser comprado instantaneamente.

Essa evolução foi impulsionada por:

- **Tecnologia** (integrações de pagamento direto, etiquetagem de produtos, lojas nativas nas redes);
- **Mudança comportamental** (consumidores valorizando agilidade, praticidade e confiança nos canais que já frequentam);
- **Nova lógica de consumo** (especialmente nas Gerações Z e Alpha, onde a linha entre socializar e consumir é cada vez mais tênue).

Posso apontar pelo menos 5 motivos centrais por que o Social Commerce deveria entrar na pauta estratégica das empresas que vendem *online*.

1. **Compra sem fricção:** Com menos etapas, temos menos atrito, logo, o consumidor não precisa mudar de ambiente, criar nova senha ou preencher longos formulários para comprar o que deseja. Lembre das vezes que você mesmo desistiu de comprar, por questões ligadas ao atrito.

2. **Capital social como motor de decisão:** A compra ocorre no mesmo espaço onde as pessoas trocam opiniões, veem provas sociais (*likes*, comentários, *reviews*) e se inspiram.

3. **Influência instantânea:** A decisão de compra pode ser impulsionada no calor do momento, um vídeo, um comentário ou uma *live* basta para gerar conversão. Novamente, o consumidor não sai dali para ser impactado por influências que incentivem a comprar.

4. **Personalização dinâmica:** Redes sociais têm algoritmos que conhecem o gosto do usuário. As ofertas, portanto, tendem a ser muito mais relevantes e certeiras. Oferecer o produto certo, para a pessoa certa, no momento certo, tem um peso enorme na decisão de compra.

5. **Escala e segmentação:** É possível atingir nichos altamente específicos ou alcançar milhões de pessoas. Isso coloca marcas grandes e pequenas em critério de igualdade na competição pela atenção do cliente, tudo dependendo da estratégia adotada.

Tipos de Social Commerce

O universo de Social Commerce é vasto e está em constante evolução, mas podemos organizar em grandes blocos que já podem ser observados em certa escala de aplicação.

***Posts* comerciais:** *Posts* de fotos ou vídeos com produtos etiquetados que permitem a compra direta. Exemplo: Um carrossel no Instagram onde cada foto traz o preço e o *link* de compra.

Live Commerce: Transmissões ao vivo onde vendedores, influenciadores ou marcas demonstram produtos e vendem em tempo real. Exemplo: Uma *live* no TikTok vendendo cosméticos, com *links* clicáveis exibidos na tela.

Chat Commerce via redes sociais: Compras realizadas diretamente em *chats* de Instagram, WhatsApp, Facebook Messenger. Exemplo: Um cliente inicia uma conversa no WhatsApp de uma loja de eletrônicos, tira as dúvidas e fecha o pedido ali mesmo.

Comunidades de recomendações: Ambientes sociais construídos para troca de recomendações e experiências de compra. Exemplo: Grupos no Facebook focados em promoções de moda, onde usuários trocam *links*, avaliações e fazem compras entre si.

Como começar uma operação de Social Commerce

Vender pelas redes sociais parece simples. Olhando de cima, podemos concluir que basta um bom *post* no Instagram, *links* bem posicionados na bio, respostas rápidas.

Mas operar de verdade no Social Commerce exige muito mais do que presença digital. Exige uma estrutura pensada para atuar dentro das redes, com linguagem adequada, ferramentas integradas e, principalmente, foco em conversão.

Não é o meu objetivo entrar a fundo sobre a estruturação de uma operação de Social Commerce, mas quero deixar um guia para que o leitor entenda o caminho a ser percorrido.

Muitas das questões serão aprofundadas no decorrer do livro, uma vez que Chat Commerce é uma das engrenagens principais para fazer Social Commerce com sucesso.

O primeiro ponto é entender que Social Commerce não é sobre estar em todas as plataformas, mas sim estar naquelas onde está o seu público, com clareza sobre o papel de cada uma.

Marcas que performam bem nesse novo modelo de vendas *online* estudam onde seus consumidores estão ativos, quais conteúdos engajam e como podem conduzir uma jornada de compra sem fricção, fazendo o máximo das etapas (melhor ainda, se todas) dentro da própria plataforma.

Depois, é preciso dominar a linguagem. Conteúdo nativo é o que mais funciona em ambientes sociais, e isso significa adaptar não apenas o formato visual, mas também o tom, o ritmo e o tipo de interação. Uma legenda que funciona no *feed* dificilmente terá o mesmo impacto nos *stories*, e uma resposta automática que serve no site pode soar fria no Instagram.

Além disso, a integração da jornada de compra é fator crítico de sucesso. *Posts* clicáveis, etiquetas de produto, *links* diretos e lojas nativas são apenas uma parte do quebra-cabeça.

O verdadeiro desafio está em garantir que a conversa continue fluindo bem quando o cliente levanta a mão, com um atendimento preparado, um sistema de pagamento ágil e uma entrega confiável.

A operação de Social Commerce precisa fechar o ciclo dentro do ambiente onde o desejo de compra começou, sem obrigar o cliente a pular de app em app.

Outro pilar dessa estrutura é a capacidade de oferecer resposta rápida. O *timing* no social é mais curto. Um cliente que comenta ou envia mensagem está, muitas vezes, no calor da decisão. Se a resposta demora, a venda esfria.

Por isso, montar um sistema de atendimento ativo, com automações bem programadas e pessoas treinadas para assumir a conversa na hora certa, é uma das bases da conversão.

É fundamental medir o que realmente importa. Curtidas e seguidores são métricas de vaidade se não estiverem conectadas a resultados reais. A operação de Social Commerce deve acompanhar dados como: cliques que viraram conversas, conversas que viraram vendas, valor médio por canal, tempo de resposta, taxa de abandono e até o impacto de determinados conteúdos no volume de atendimento.

Por fim, vale destacar algumas tendências futuras que devem estar no radar de quem está interessado em gerar resultados com Social Commerce:

- Integrações de pagamento nativas (já em expansão no Instagram e TikTok).

- Expansão do Live Commerce para novas categorias de produtos.

- Uso crescente de IA para atendimento social em tempo real.

- Influenciadores de nicho como pilares de conversão.

- Ambientes sociais próprios de grandes marcas (comunidades exclusivas em redes sociais).

Para pensar e agir

Operar no Social Commerce não é apenas sobre estar presente, mas acima de tudo, estar preparado.

É fácil cair na armadilha de acreditar que postar com frequência e responder com simpatia já garante resultado. Mas, nas redes, o cliente muda de ideia com a mesma velocidade com que desliza o dedo na tela.

Por isso, mais importante do que ganhar atenção é saber o que fazer com ela.

A estrutura precisa sustentar o engajamento com clareza comercial, sem transformar a rede social em SAC, nem tornar o atendimento empecilho para a compra.

Que tal refletir a respeito das seguintes perguntas:

- Sua estratégia social hoje está conectada a metas de venda ou apenas de alcance?

- O conteúdo que você publica está gerando conversas, e essas conversas estão sendo bem conduzidas?

- Existe integração entre o time que posta, o time que vende e o time que atua no atendimento pós-venda?

- Você tem uma visão clara de onde a jornada começa, onde ela quebra e onde ela pode ser convertida?

Saiba que, enquanto você lê este parágrafo, tem alguém decidindo se interage com você ou se passa reto. Cada uma dessas ações pode ser o começo (ou não) de uma venda. A diferença está em como e com quem essa pessoa vai conversar.

No próximo capítulo, vamos olhar para o que pouca gente está monitorando: os dados e sinais de intenção que passam despercebidos, e as oportunidades que se escondem nas conversas que as empresas já estão tendo, mas ainda não sabem transformar em resultado.

7

Indicadores e métricas estratégicas no Chat Commerce

Os canais de Chat Commerce, como WhatsApp, *chat* em sites e *marketplaces*, transformam o atendimento ao cliente em oportunidades de venda. Para extrair o máximo desse potencial, é fundamental acompanhar indicadores e métricas estratégicas.

Neste capítulo, exploramos desde as métricas tradicionais de atendimento (e seus *benchmarks* por canal) até indicadores menos óbvios, mas valiosos, que conectam atendimento à conversão em vendas.

Vamos lá!

Métricas tradicionais de atendimento e benchmarks por canal

No atendimento ao cliente, algumas métricas são clássicas e indispensáveis para avaliar a eficiência e a qualidade do suporte prestado. Entre as principais estão: tempo de resposta, tempo de resolução, taxa de resolução no primeiro contato, satisfação do cliente (CSAT) e NPS (Net Promoter Score).

Vejamos cada uma delas e como se comportam em canais conversacionais como WhatsApp, *chat online* em sites e *marketplaces.*

Tempo de resposta (TR)

Mede a rapidez com que a equipe atende o cliente. Nos canais de *chat*, as expectativas são altas. Uma pesquisa recente (CX Trends 2025) revelou que, no *chat online,* os consumidores esperam resposta em até 1 minuto, enquanto no WhatsApp aceitariam até 5 minutos.

Em redes sociais como Instagram e Facebook, a expectativa também gira em torno de 5 minutos, e por e-mail chega a cerca de 1 hora. Ou seja, quanto mais instantâneo o canal, menor o tempo de resposta esperado.

Recomendação: estabeleça SLAs diferenciados por canal (por exemplo, meta de 1 minuto no *chat* do site, 5 minutos no WhatsApp) e use ferramentas que alertem se o time está ultrapassando esses limites.

Taxa de resolução e Resolução no primeiro contato (FCR)

Acompanhar a taxa de resolução (proporção de casos resolvidos com sucesso) é básico para qualquer operação de atendimento. Um recorte importante é a Resolução no Primeiro Contato (First Contact Resolution, FCR), ou seja, quantos atendimentos são solucionados na primeira conversa, sem necessidade de retornos ou escalonamentos.

Alta FCR indica eficiência e gera satisfação, uma vez que clientes adoram ter seu problema resolvido *"de primeira"*. Em canais como *chat* e WhatsApp, costuma ser mais fácil atingir FCR elevada, pois a conversa é em tempo real e interativa.

Conseguir um nível de FCR acima de 70% pode ser considerado saudável, e próximo a 90% como nível de excelência. O desafio é que em vendas consultivas via *chat*, algumas conversas podem não resultar imediatamente em compra, mas se todas as dúvidas do cliente foram sanadas naquele contato, considere isso uma resolução bem-sucedida do ponto de vista de atendimento.

Recomendação: monitore FCR por canal. Se o *chat* do site tem FCR menor que o WhatsApp, por exemplo, identifique o porquê, talvez questões técnicas no site forcem *follow-up* por e-mail, etc.

Satisfação do cliente (CSAT e NPS)

Após cada interação ou ciclo de atendimento, é vital medir quão satisfeito o cliente ficou.

O CSAT geralmente é obtido via pergunta de satisfação (ex: *"Qual nota você dá para este atendimento?"*) e é um termômetro imediato da qualidade percebida. Já o NPS (Net Promoter Score) mede a lealdade numa perspectiva mais ampla, a clássica pergunta *"De 0 a 10, quanto você recomendaria a empresa...?"* e muitas empresas aplicam pesquisas NPS englobando também a experiência de suporte.

No contexto de atendimento via *chat*, o CSAT tende a ser alto quando a experiência é rápida e eficaz. É conhecido que a preferência pelos canais de *chat* alcança níveis bem superiores a outros canais. Por exemplo, mais da metade das pessoas entrevistadas pelo estudo CX Trends 2025 apontaram preferir contato via WhatsApp ou *chat* no site, contra 15% que preferem e-mail e apenas 10% via telefone.

Isso sugere que clientes adoram a instantaneidade e personalização da conversa em tempo real. Com o WhatsApp acontecendo dentro de um app familiar, muitas vezes a satisfação é comparável à do *chat web* (ou até maior, pela conveniência).

Empresas líderes de e-commerce e *marketplaces* frequentemente atingem NPS elevados (60, 70 ou mais) quando combinam bom produto com atendimento ágil em canais de mensagem. Por exemplo, a Amazon Brasil lidera no segmento de e-commerce e *marketplaces* com NPS 78, muito graças à eficiência de todo o serviço, incluindo comunicações rápidas. (*Top 50 Marcas*, 2024)

Recomendação: colete *feedback* após atendimentos via *chat*/WhatsApp. Enquetes pelo próprio WhatsApp ou *links* de pesquisa *pós-chat* podem aferir CSAT/NPS. Use esses dados para identificar pontos de melhoria e treinar a equipe.

Tempo médio de atendimento (TMA)

No suporte tradicional, se mede quanto tempo um agente passa em cada caso. No Chat Commerce, o TMA pode ser adaptado para entender quanto tempo dura uma conversa de atendimento/venda. Isso inclui desde o *"Oi"* inicial até o encerramento (seja conclusão da compra ou término do atendimento).

Um TMA muito alto pode indicar conversas prolixas ou agentes demorando em excesso para concluir passos. Já um TMA muito baixo pode sugerir que os atendentes estão encerrando rápido demais sem aprofundar (podendo perder vendas).

Por exemplo, se no *chat* do seu site as conversas duram em média 3 minutos, enquanto no WhatsApp duram 8 minutos, isso pode refletir a natureza de cada canal, talvez no WhatsApp o cliente se sinta mais à vontade para negociar e tirar dúvidas detalhadas.

Recomendação: monitore o tempo médio e compare com a taxa de sucesso (venda realizada ou problema resolvido). Busque o ponto onde você considera *"bom o suficiente"*, nem tão curto que pareça apressado, nem tão longo que canse o cliente.

Essas métricas tradicionais formam a base de um bom *dashboard* de atendimento. Porém, para um varejista digital que quer transformar atendimento em canal de vendas, precisamos ir além.

A seguir, exploraremos métricas menos óbvias, aquelas que muitas operações ainda não monitoram, mas que podem trazer *insights* poderosos sobre o desempenho dos canais de Chat Commerce.

Métricas menos óbvias (porém valiosas) no Chat Commerce

Além dos indicadores clássicos, há métricas escondidas nas interações de Chat Commerce que frequentemente passam batido. São dados que nem sempre aparecem nos relatórios padrão, mas que, ao serem monitorados, fornecem vantagens competitivas. A seguir, vamos destacar alguns.

Tempo até a primeira resposta (TPR ou FRT)

Também conhecido como o *"First Response Time"*, embora relacionado ao tempo de resposta geral, este indicador foca especificamente no intervalo entre a mensagem inicial do cliente e a primeira interação do atendente.

Já mencionamos a importância de responder rápido, e aqui reforçamos como métrica específica. Mas você deve estar se perguntando: por que medir separado? Porque muitas vezes o tempo médio geral de resposta pode ser puxado por todo o atendimento, enquanto o *First Response Time* foca naquele momento crítico inicial. Embora ainda seja subestimado, é crucial para passar confiança ao cliente de que foi atendido.

Por exemplo, um estudo da Zendesk mostrou que 65% dos clientes valorizam até mesmo um simples aviso rápido de que sua solicitação foi recebida (Edrone, 2025).

Empresas que monitoram e otimizam o FRT colhem resultados evidentes. Por exemplo, um estudo interno da Loopia, que considerou os pedidos efetivados em *marketplaces* para clientes que buscaram atendimento prévio, normalmente para tirar dúvidas, mostrou que 77% dos atendimentos que converteram em vendas foram nos casos em que as respostas foram feitas em até 5 minutos, enquanto esperar mais de 1 hora para responder o cliente derruba a conversão para apenas 3%.

No contexto de Chat Commerce, responder com agilidade faz diferença: se o cliente que envia *"Olá, preciso de informações"* receber uma saudação ou orientação em segundos, aumenta a chance dele permanecer na conversa.

Ou seja, o outro está nos minutos iniciais. Se hoje você não sabe qual é o seu FRT médio no WhatsApp ou *chat*, comece a mensurar. Configure seu sistema para registrar o tempo de recebimento da mensagem do cliente e da primeira resposta do atendente (ou do *bot*, se houver).

Você sabe quanto tempo sua operação leva, em média, para dar o primeiro *"Oi"* ao cliente em cada canal? Se não sabe, comece a medir. Pode ser revelador descobrir que aquele *"minutinho"* inicial de silêncio pode estar custando vendas.

A recomendação é que se busquem metas bem agressivas para este indicador, sendo que muitas empresas de referência miram a primeira resposta abaixo de 1 minuto, com limite máximo de 5 minutos no WhatsApp.

Otimize esse número com medidas simples: mensagens personalizadas para saudação instantânea, alertas sonoros para novas mensagens, divisão equilibrada de atendentes por fila, etc.

Taxa de abandono do *chat*

Muito comum em *call centers*, a métrica de abandono (quando o cliente desiste antes do atendimento) também existe no canal de vendas, mas poucos medem adequadamente.

No contexto de Chat Commerce, abandono pode ocorrer se o cliente inicia a conversa e, por demora ou frustração, sai antes de ser atendido ou de concluir a interação. Por exemplo, em um *chat* de site, o cliente pode fechar a janela, no WhatsApp, pode parar de responder, e no *marketplace*, pode não voltar à troca de mensagens.

Por que é importante? Cada *chat* abandonado é potencialmente uma venda perdida ou um cliente insatisfeito. Uma alta taxa de abandono indica problemas: equipe insuficiente, tempos de espera altos, ou mesmo a dinâmica de relacionamento confusa.

Recomendação: calcule essa taxa dividindo o número de conversas iniciadas que não chegaram a um desfecho (venda, *ticket* criado, resolução) pelo total de conversas iniciadas. Monitore por canal, pois talvez o *chat* do *marketplace* tenha mais abandono porque os vendedores demoram a ver as mensagens lá.

Uma vez identificado o problema, monte um plano de ação. Por exemplo, use mensagens automáticas do tipo *"Estamos verificando seu pedido, já retornamos..."* para segurar o cliente enquanto realiza alguma consulta interna que pode levar uns minutos, ou notifique a equipe sobre *chats* pendentes antes que *"esfriem"*.

Reduzir o abandono impacta diretamente a receita, pois cada *chat* fechado seria o equivalente a um carrinho abandonado. Vale a pena dar a mesma atenção que se dá ao abandono de carrinho no e-commerce.

Perguntas recorrentes na pré-venda

Em *chats* de vendas, é comum os clientes repetirem certas dúvidas clássicas: *"Tem tamanho M?"*, *"Qual o prazo de entrega?"*, *"Posso parcelar?"* etc. Medir a porcentagem de conversas que incluem essas perguntas frequentes pode guiar melhorias.

Exemplo: se 40% dos *chats* pré-venda perguntam sobre política de troca, talvez sua página de produto não esteja clara o suficiente, ou até mesmo seja uma boa ideia criar um FAQ visível, bem como o uso de atalhos para respostas rápidas pré-configuradas no *chat*.

Ao reduzir essas dúvidas, seja informando melhor no site ou treinando atendentes para respondê-las de forma padronizada e eficaz, você acelera o ciclo de venda. Se identificarmos que "preço do frete" aparece em 25% dos atendimentos, podemos já programar o *bot* ou o atendente para sempre, logo no início, informar: *"Lembrando que temos frete grátis acima de R$100, ok?"*. Isso pode antecipar a dúvida e evitar que o cliente precise perguntar (ganhando tempo e confiança).

A título de provocação, você saberia dizer quais são as 3 perguntas mais comuns que seus clientes fazem no WhatsApp antes de comprar? Se não, há um tesouro escondido aí. Listar e quantificar essas perguntas recorrentes é o primeiro passo para melhorar a eficiência dos atendimentos e, de brinde, crescer sua taxa de conversão em vendas.

Taxa de abertura de *links* de produto/pagamento

No Chat Commerce, muitas vezes o atendente envia *links* de produtos, catálogos ou pagamentos para o cliente. A taxa de cliques nesses *links* dentro da conversa é um indicador poderoso para entender o engajamento e interesse.

Por exemplo, digamos que de cada 10 atendimentos via WhatsApp, em 8 o vendedor mandou um *link* (seja de produto no site, ou um *link* de *checkout*). Desses, apenas 4 clientes clicaram no *link* (então 50% das conversas *"geraram clique"*). Quantas converteram em compra efetiva é outra métrica (taxa de conversão), mas o clique já mostra que o cliente engajou o suficiente para conferir a oferta/produto.

Por que monitorar? Se poucos clientes clicam nos *links* enviados, talvez o atendente não esteja contextualizando bem *("vou te mandar o link do produto X, lá você consegue ver fotos e calcular frete...")* ou o cliente está no celular e prefere que envie a foto diretamente.

Já uma alta taxa de clique significa que o atendente está conseguindo guiar o cliente pelo funil. Partindo do *chat* para a página de produto/pagamento significa que o cliente está mais próximo do fechamento da compra de fato.

Exemplo prático: uma empresa percebeu que 70% dos *chats* no site geravam um clique para a página de produto, mas via mensagens diretas do Instagram menos de 30% dos clientes clicavam nos *links* enviados. Investigando, notaram que no Instagram muitos usuários ficavam só na conversa e não queriam sair do app. A solução foi usar mais recursos nativos (como Instagram Shopping ou catálogo do WhatsApp) em vez de *links* externos.

Outra dica interessante é usar encurtadores de *links* ou parâmetros UTM para rastrear cliques originados de cada canal conversacional. Assim, você consegue medir precisamente essa taxa. E mais, você também pode atrelar isso à performance de cada atendente, sabendo que quem envia *links* claros e explica bem tende a conseguir mais cliques.

No fundo, essa métrica mensura quão bem o atendimento está direcionando o cliente para a próxima etapa da jornada de compra. Esse é um dos maiores objetivos do Chat Commerce na prática.

Perceba que essas métricas *"menos óbvias"* complementam as tradicionais, oferecendo um nível mais tático de gestão. Elas obrigam o gestor a dissecar a conversa, visando entender melhor questões como: onde o cliente desistiu, quantas interações foram necessárias, que dúvidas surgiram.

Monitorá-las é essencial para refinar a estratégia de Chat Commerce, tornando o atendimento cada vez mais alinhado com a conversão. E é justamente sobre a conversão que começaremos a aprofundar a partir de agora.

Indicadores de vendas no Chat Commerce

O sonho de todo varejista digital é converter atendimentos em vendas. Para isso, precisamos de indicadores que liguem a performance do atendimento diretamente aos resultados comerciais. Em canais de Chat Commerce, alguns indicadores-chave (KPIs) cumprem esse papel de ponte entre conversar e vender. Veremos alguns a seguir.

Taxa de conversão por canal

Aqui medimos, de todos os atendimentos iniciados em um dado canal, quantos resultaram em venda efetiva. É o indicador-mestre para avaliar quão bem aquele canal está vendendo.

Os números têm sido impressionantes. Pesquisas de mercado no Brasil apontam que canais de *chat* possuem uma conversão média múltiplas vezes maior que a do e-commerce tradicional. Um estudo recente mostrou taxa de conversão média de 12% nos canais de *chat*, versus apenas 1,92% no e-commerce tradicional, ou seja, cerca de 6 vezes maior. Outro levantamento indicou conversão em torno de 9% via WhatsApp, comparada a 2% no site (Edrone, 2025).

Esses *benchmarks* revelam o poder do atendimento humanizado: o cliente que engaja no *chat* já demonstrou interesse e recebeu atenção personalizada, tornando-se muito mais propenso a comprar do que aquele que navega anonimamente no site.

Visitantes que conversam via *chat* têm 82% mais probabilidade de se tornarem clientes em comparação a quem não conversa. Além disso, essas vendas tendem a ter valor maior, como veremos adiante quando vamos falar sobre o *ticket* médio (Intercom, 2018).

Recomendação: calcule a taxa de conversão em cada canal conversacional que você opera. Exemplo: se em um mês você teve 500 conversas no WhatsApp e 50 resultaram em pedido fechado, sua taxa é 10%. Além disso, compare os canais como WhatsApp vs *chat* do site vs *marketplace* (perguntas de produtos). Talvez descubra que o WhatsApp converte mais que o *chat* do site, ou vice-versa.

Essas diferenças podem orientar investimentos, por exemplo, alocar mais atendentes ou campanhas no canal com melhor retorno. Se alguma taxa estiver baixa, investigue o porquê. Pode ser questão de público (muita pergunta de curiosos que não compram) ou problemas no fluxo (o cliente pergunta no *marketplace,* mas acaba comprando no seu site por fora, o que é bom para a venda, mas ruim para medir naquele canal).

Tenha critérios claros para contabilizar o que são *"vendas convertidas"* por canal (pode ser um pedido feito diretamente ali, ou uma venda atribuída via código/*link* único daquele atendimento).

Ticket médio por canal

Nem todas as vendas terão o mesmo perfil para os distintos canais onde você atua. Qual o valor médio dos pedidos originados de cada canal de *chat*? Essa métrica indica o potencial de *upselling* e *cross*-selling em cada ambiente.

Upselling e *cross-selling* são duas estratégias que tem como objetivo final aumentar as vendas, mas com abordagens diferentes. O *upselling* trata de oferecer ao cliente um modelo mais completo ou uma versão mais robusta do produto que o cliente está interessado, com o intuito de aumentar o valor final do pedido. Já o *cross-selling*, por outro lado, está relacionado à oferta de produtos ou serviços relacionados, ou complementares ao que o cliente busca, com o objetivo de adicionar mais um item ao pedido.

Há indícios de que o *ticket* médio via canais conversacionais tende a ser maior do que em compras feitas onde o cliente não interagiu com ninguém. Durante a conversa, o vendedor pode entender melhor a necessidade e recomendar itens adicionais ou mais adequados, aumentando o valor da venda.

É muito comum notarmos um salto de *ticket* médio nas vendas por Chat Commerce, muito acima do que é observado no e-commerce em geral. Isso sugere que, conforme os consumidores se acostumam a comprar por WhatsApp/*chat*, eles passam a gastar mais por pedido, possivelmente porque confiam nas recomendações ou se sentem melhor atendidos.

Além disso, em alguns segmentos onde a venda tem uma natureza mais consultiva, o uso do Chat Commerce certamente traz impactos mais expressivos. Este pode ser o seu caso, basta refletir se é comum para o seu perfil de cliente buscar algum esclarecimento antes de comprar. Isso pode estar acontecendo de forma direta (cliente perguntando via *chat*) ou de forma transparente, uma vez que muitos clientes buscam canais alternativos como Youtube e redes sociais para pesquisar sobre opiniões e *reviews* antes de escolher um produto.

Recomendação: Acompanhe mensalmente o *ticket* médio das vendas de cada canal (WhatsApp, *chat* do site, etc.) e compare com o *ticket* médio do seu e-commerce tradicional. Se o *ticket* via *chat* for menor, pode ser sinal de que os atendentes não estão explorando as estratégias que citei acima (por exemplo, deixando de oferecer acessórios, garantia estendida, produtos relacionados). Já se estiver maior, é um ótimo sinal de que o canal está agregando valor.

De toda forma, estratifique, quem sabe no WhatsApp o *ticket* é maior que no Instagram, indicando que usuários do WhatsApp compram kits mais caros, enquanto no Instagram preferem itens avulsos.

Segundo dados da Intercom, clientes que tiveram conversas prévias antes de comprar conseguem resultados, em média, 13% mais altos em receita do que clientes que compraram sem conversar (Intercom, 2018).

Ou seja, o relacionamento estabelece confiança que reflete em mais dinheiro gasto. De olho nesse indicador, você pode criar ações como combos e ofertas exclusivas para o canal conversacional (incentivando o cliente a aproveitar e aumentar o carrinho durante o papo com o vendedor).

Tempo médio da conversa até o fechamento

Quanto tempo (em minutos, horas, dias) leva, em média, para uma conversa resultar em venda? Aqui podemos considerar o tempo decorrido total desde o início do contato até o fechamento do pedido.

Por exemplo, uma conversa pode durar 15 minutos no *chat*, e o pedido ser finalizado imediatamente. Outra pode se estender em idas e vindas ao longo de 3 dias (cliente pediu opinião, foi pensar, voltou no dia seguinte, etc.). Monitorar isso ajuda a entender o ciclo de venda no canal.

Se o seu tempo médio até o fechamento no WhatsApp é de 2 horas (talvez porque muitos clientes continuam conversando ao longo do dia antes de decidir), você sabe que não deve pressionar por um fechamento instantâneo, mas pode trabalhar para reduzir gargalos.

Em contrapartida, se no *chat* do site o fechamento ocorre em 5-10 minutos na mesma sessão, faz sentido manter esse atendimento bem focado e ágil para pegar o comprador no calor do momento.

Esses tempos também têm a ver com o tipo de produto: vender um eletrônico caro pode requerer mais tempo de consideração do que vender uma roupa, por exemplo.

Não há um padrão universal, mas podemos citar que conversas de vendas bem sucedidas costumam se resolver, na sua parte ativa, em menos de 30 minutos de interação total (mesmo que espalhados em algumas trocas). E lembre-se do dado mencionado logo acima: não subestime conversas curtas, às vezes bastam alguns minutos e poucas mensagens para converter (uma única resposta rápida já aumenta muito a chance).

Recomendação: se perceber que seu tempo médio até o fechamento está muito longo, tente identificar por quê. Será que o atendente demora para conduzir o cliente até a decisão? Falta autonomia para negociar algum desconto e a conversa esfria aguardando aprovação? Cada minuto extra é uma chance a mais do cliente dispersar ou ser fisgado por um concorrente.

Portanto, medir esse tempo e tentar encurtá-lo (sem sacrificar a qualidade do atendimento) pode render mais conversões.

Em resumo, esses indicadores de conversão traduzem os esforços de atendimento em resultados concretos de vendas. Para um gestor de Chat Commerce, acompanhar *Taxa de conversão*, *Ticket médio* e o*Tempo até a venda* é tão importante quanto monitorar visitas, taxa de rejeição e *ticket* médio no site tradicional.

São as métricas de sucesso do novo canal de vendas que você está estruturando, e para convencer toda a empresa (equipe, diretoria) do valor de investir nesses canais, nada melhor que exemplos reais de ganhos obtidos, assunto abordado a seguir.

Dados de sucesso em canais de Chat Commerce

Medir e otimizar métricas de Chat Commerce não é mero capricho de gestão, traz de fato resultados palpáveis. Não à toa, inúmeras pesquisas de mercado comprovam ganhos expressivos para empresas que levam a sério seus canais conversacionais.

Aqui vão alguns exemplos (tanto de gigantes como de operações menores) que ilustram esses impactos positivos. Inspire-se neles para impulsionar sua operação!

Pesquisas de mercado têm mostrado que, cada vez mais, o cliente quer falar com a marca por mensagens. Como já foi citado antes, 81% dos brasileiros utilizam o WhatsApp para se comunicar com empresas e 62% dos entrevistados afirmaram que já compraram produtos diretamente por lá.

Isso significa que há demanda reprimida, quem investir e fizer bem feito, ganha.

Além disso, 75% dos consumidores preferem empresas que oferecem atendimento por mensagens, além do destaque de que o WhatsApp virou a conexão entre o *online* e o *offline* para o varejo, trazendo a personalização da loja física para o digital e aumentando conversões de 2% para perto de 10%, em média (Edrone, 2025).

Marcas que perceberam isso cedo, como é o caso da Magazine Luiza, via projeto Lu do Magalu no WhatsApp, ou redes de moda que colocaram vendedoras atendendo por mensagem, reportaram vendas adicionais significativas atribuídas a esses canais.

Infelizmente, dados específicos dessas empresas muitas vezes são estratégicos e não publicados abertamente, mas o movimento do mercado fala por si, pois é notório o investimento pesado em equipes atuando com foco em redes sociais e Chat Commerce nos últimos anos.

Para pensar e agir

Transformar o atendimento em canal de vendas exige mudança de mentalidade. É sair de uma postura reativa, de apenas resolver problemas, para uma postura proativa e orientada a resultados, onde cada interação pode ser uma oportunidade de negócio.

Neste capítulo, vimos que métricas estratégicas são nossas aliadas nessa jornada. Elas iluminam onde estamos indo bem e onde podemos melhorar.

Antes de encerrar, quero deixar algumas provocações finais ao leitor: você já mede quantas vendas por mês seu WhatsApp gera? Sabe dizer qual canal de *chat* dá o melhor *ticket* médio? Tem clareza de quantos clientes desistem de conversar com sua marca por demora? E qual o impacto de 1 ponto a mais de NPS nas suas vendas repetidas? Se a resposta para alguma dessas perguntas for "não sei", a recomendação é direta: mergulhe nos dados.

Comece pelas métricas tradicionais, adicione as menos óbvias, conecte-as às vendas. Crie um relatório periódico de desempenho dos canais conversacionais e discuta-o com sua equipe.

Estabeleça metas, como reduzir o tempo de primeira resposta, aumentar a conversão em X%, melhorar a satisfação. E não esqueça de comparar-se com o mercado, usando inclusive os comparativos citados aqui (exemplo: tempo de resposta de 1 minuto no *chat*) como referência para calibrar sua operação.

A operação via Chat Commerce, quando bem medida e otimizada, deixa de ser um centro de custo e vira um canal de receita. Empresas no Brasil e no mundo já provaram isso com cases concretos, agora é a sua vez.

Afinal, como diz o velho mantra da gestão: *"o que não é medido não pode ser gerenciado"*. Leve essa sabedoria para seus canais de *chat*. Meça tudo que for relevante, gerencie com inteligência e veja seu atendimento se transformar, de um simples canal de suporte, em um poderoso canal de vendas.

No próximo capítulo, vamos sair do campo da oportunidade e mergulhar no campo da estratégia aplicada. É hora de apresentar o **método CHAT,** um *framework* prático para transformar conversas em conversões reais, estruturando cada ponto de contato com foco comercial.

Porque entender o valor da conversa é só o começo, e sem aplicação prática, não tem efeito nenhum. O próximo passo é estruturar essa conversa com método, objetivos claros e resultados.

Fica aqui meu desejo de boas vendas... e bons diálogos!

PARTE **3**

O MÉTODO CHAT

8

Atendimento que vende com o Método CHAT

Falar em Chat Commerce pode parecer algo simples. Afinal, trata-se de vender por conversa, certo? Mas estruturar uma operação que funcione de verdade, em escala, com consistência e impacto nos resultados, exige mais do que apenas abrir um canal de atendimento e colocar alguém para responder.

É preciso método, clareza de objetivos e um alinhamento forte entre estratégia comercial, experiência do cliente e tecnologia.

O primeiro passo é entender que não se trata apenas de colocar um botão de WhatsApp no site ou na bio das redes sociais. Chat Commerce não é a presença em um canal, mas a forma como você conduz conversas nesses canais com mentalidade de venda.

Estruturar uma operação eficiente envolve, antes de tudo, olhar para o contexto do seu negócio. Quais são os canais onde o seu público já conversa com você? WhatsApp? Instagram? *Marketplaces*? E quais desses canais estão preparados para receber, processar e converter essas conversas em vendas reais?

Depois disso, o segundo movimento necessário é organizar sua equipe. Isso não significa, necessariamente, ter dezenas de vendedores *online*. Mas significa definir papéis, fluxos, horários, processos. Quem responde o quê? Em quanto tempo? Com que autonomia? Com quais argumentos?

Empresas que estruturam bem suas operações têm objetivos e indicadores claros, *scripts* e roteiros bem preparados, sem soar robótico, mas com consistência, tom de voz e conteúdo, e repertório para lidar com diferentes tipos de clientes.

Sabem quando ativar um fluxo automatizado e quando colocar alguém da equipe para assumir a conversa. E, acima de tudo, têm um objetivo claro: cada atendimento deve ser uma oportunidade de conversão.

Isso nos leva a um ponto super relevante: como usar a tecnologia com propósito.

Chatbots são bem-vindos, desde que não sejam travas nem imponham barreiras para a experiência desejada pelos consumidores. O ideal é que eles filtrem, direcionem e agilizem, sem prejudicar a experiência.

Quando bem aplicadas, ferramentas de CRM, automações e integrações com estoque e pagamentos ajudam a escalar sem perder o controle. Quando bem aplicadas!

Por fim, nenhuma estrutura se sustenta sem gestão. Medir é parte do jogo. Você precisa acompanhar os indicadores certos: tempo de resposta, taxa de conversão por canal, taxa de abandono, tempo médio de conversa até a venda, entre outros.

E mais do que medir, precisa agir com base em tais indicadores. Melhorar o processo, treinar a equipe, ajustar os fluxos, de forma constante e recorrente. Chat Commerce é um organismo vivo e precisa de ajustes contínuos para manter a performance.

Criar uma operação de atendimento que vende vai exigir uma boa dose de dedicação, mas o retorno é proporcional.

Afinal, estamos falando do ponto mais quente da jornada, onde o cliente fala, pergunta e dá sinais de que está pronto para comprar. Quem souber escutar, interpretar e agir, sai na frente.

Ao longo dos capítulos anteriores, vimos como o comportamento de compra mudou, como as novas gerações preferem resolver tudo por mensagem e como o atendimento deixou de ser um setor periférico para se tornar um ponto crítico da jornada de compra. Também vimos o impacto de métricas invisíveis e o que acontece quando ignoramos o meio do funil.

Mas entender o cenário não basta. É hora de agir, para não ficar para trás diante de um mundo em constante mudança, principalmente no que tange à relação entre marcas e seus consumidores.

Foi com esse objetivo que nasceu o **Método CHAT**, uma estrutura simples e enxuta, mas profunda o suficiente para transformar o atendimento em um canal comercial ativo, capaz de conduzir conversas com foco em conversão.

Esse método não é fruto da teoria. Ele foi concebido depois de anos convivendo no varejo, observando o varejo digital de dentro, trabalhando na linha de frente, empreendendo, conversando com vendedores, liderando equipes de produto, testando fluxos reais, aplicando IA em canais de atendimento e, principalmente, escutando o que o cliente realmente espera.

O método CHAT é, antes de tudo, um convite à organização.

Organização para estruturar a interação entre marcas e consumidores, com processo, propósito e foco em transformar atendimentos em vendas.

Por que criar um método?

Na ausência de um método, o que predomina é o improviso.

E o improviso pode até funcionar quando a equipe é pequena, quando os produtos se vendem sozinhos ou quando o volume de atendimento é baixo.

Mas, à medida que o negócio cresce, a falta de estrutura vira gargalo e a forma de lidar com o cliente varia demais, com conversas sendo deixadas de lado e oportunidades se perdendo, simplesmente porque ninguém sabe o que fazer com elas.

Além disso, em muitas operações, atendimento e vendas ainda são vistos como áreas distintas (às vezes até em conflito).

Venda convence, enquanto o atendimento resolve. Um apaga incêndio, o outro corre atrás do próximo pedido para faturar. Só que, no contexto atual, essa separação já não faz sentido. Basta olhar para os pontos de contato entre marcas e clientes para notar que esses papéis se misturam o tempo todo.

O método CHAT surge para alinhar esses papéis, organizando a conversa como parte do processo comercial, sem que ela perca sua essência, que é gerar conexão entre os envolvidos.

O que é o método CHAT?

CHAT é um acrônimo que representa os quatro pilares fundamentais de um atendimento que vende.

Cada letra representa uma competência que precisa estar presente em qualquer conversa com potencial de venda. Não são etapas rígidas, nem uma receita pronta. São pilares que, juntos, estruturam um atendimento comercial alinhado com os dias atuais: estratégico, mais humano e eficiente.

Pilar	Explicação prática
C de Contexto	Entenda de onde vem o cliente, qual canal ele usa e em que ponto da jornada está.
H de Humanização	Use linguagem próxima, empática e que reflita a voz da marca (mesmo via IA).
A de Ativação	Conduza o cliente para o próximo passo: orçamento, proposta, *link* de *checkout*, confirmação.
T de Tecnologia	Use ferramentas para direcionar o cliente sem empobrecer a experiência (CRM, IA, automações, dados, etc.).

O método pode ser aplicado com atendentes humanos, com assistentes automatizados, com IA generativa, ou com uma combinação dos três. O importante é que cada conversa tenha clareza, empatia, direcionamento e faça uso da tecnologia adequada.

A seguir, vamos entender o que cada pilar representa.

C de Contexto

Tudo começa com saber de onde o cliente está vindo, por qual canal ele chegou e em que ponto da jornada ele está.

Não dá para tratar como desconhecido quem já comprou duas vezes, nem repetir informações que o cliente já enviou. Da mesma forma que não dá para responder da mesma forma uma pessoa que está comparando produtos e alguém que já decidiu o que quer comprar.

Capturar o contexto significa:

- Ler o histórico da conversa anterior.
- Entender se o cliente clicou em um anúncio ou veio direto do site.

- Saber se ele está no momento de descoberta, consideração ou decisão.
- Reconhecer sinais de interesse (uma pergunta, estresse, um elogio).

É isso que permite começar a conversa no ponto certo, não do zero.

O cliente percebe quando isso acontece, ele percebe quando não precisa repetir tudo, quando a resposta vem personalizada, quando o atendente demonstra que sabe com quem está falando.

Contexto é respeito pelo tempo do cliente, além de gerar mais eficiência para quem atende.

H de Humanização

Depois de entender o contexto, é preciso cuidar da forma como a conversa acontece.

Humanização é o pilar que garante que a linguagem usada seja próxima, empática e compatível com a identidade da marca, mesmo quando estamos falando através de automações.

Humanizar é fazer com que a conversa *online* soe como se as pessoas estivessem frente a frente, adaptando o tom ao canal, ao cliente e ao momento, fazendo uso de palavras reais, frases claras e linguagem apropriada.

O maior erro aqui é usar uma linguagem robótica, mesmo quando o atendimento é humano. Acredite, isso é mais comum do que se pensa. Frases genéricas, frias, que poderiam ter sido ditas para qualquer um.

Quem domina o atendimento humanizado demonstra que existe alguém do outro lado, presente de verdade, prestando atenção. O cliente sente a diferença, e isso gera confiança.

No final, confiança gera compra.

A de Ativação

Enquanto os pilares anteriores estão ligados a contexto e conexão, agora chega a hora de agir com mentalidade de vendedor. Ativação é o momento em que o atendimento conduz o cliente para o próximo passo.

Isso pode acontecer de várias formas:

- Facilitando a escolha com uma recomendação clara.
- Reservando o produto.
- Oferecendo uma condição especial.
- Formalizando um orçamento ou proposta comercial.
- Enviando um *link* de pagamento (*checkout*).

O que não pode acontecer é encerrar uma conversa promissora com o desanimador

"Qualquer coisa, estamos à disposição."

Isso é jogar a toalha, não vender.

Ativação é quando o vendedor guia o cliente com clareza, sem ser apelativo, tornando o caminho da compra mais curto, mais simples, mais prático.

É aqui que o atendimento deixa de ser apenas receptivo, e passa a ser protagonista.

T de Tecnologia

Chegou o momento de falar de algo tão relevante quanto os outros três pilares, a Tecnologia.

Não me refiro à tecnologia pela tecnologia, quero enfatizar a importância da tecnologia com propósito, capaz de:

- Capturar dados e exibir o contexto certo para o atendente.
- Identificar o estágio do cliente com base no comportamento.
- Automatizar o que precisa ser automatizado (sem matar a conversa).
- Garantir velocidade e consistência em todas as interações.

Esse pilar é o que permite escalar com qualidade, pois sem tecnologia, o atendimento depende 100% de esforço humano.

Indo além, com tecnologia, o esforço humano é potencializado, desde que haja critério. Um *chatbot* mal configurado gera mais ruído do que resultado. Uma IA mal treinada pode confundir o cliente e desgastar a reputação da marca.

Por isso, quando falamos de tecnologia no método, também devemos pensar no sentido da tecnologia que está sendo aplicada, para que apliquemos aquilo que, de fato, melhore a experiência, sem deixar de lado o bom senso.

Chat Commerce na prática (e de verdade) com o método CHAT

Muitos *frameworks* de negócio nascem da tentativa de definir uma nova cultura. Mas o método CHAT não é exatamente isso.

Embora ele possa inspirar mudanças culturais, seu objetivo principal é outro: ser um modelo prático para estruturar, implementar e fazer funcionar uma operação de Chat Commerce. É um método criado para ajudar empresas que querem vender mais pelos canais conversacionais, mas ainda não sabem como fazer isso de forma consistente.

O CHAT não é uma filosofia, é um guia para você tirar seu projeto de Chat Commerce do papel.

É um jeito de sair do trivial e ir para a execução. De transformar o *"precisamos vender melhor pelo WhatsApp"* em um plano concreto, abrangendo todos os canais onde você se relaciona com os clientes, com etapas, critérios e responsabilidades bem definidas.

Cada letra do acrônimo (C, H, A, T) representa um pilar essencial para montar uma operação de Chat Commerce de forma eficaz, seja adaptando o que já existe, seja implantando do zero.

Não se trata de algo puramente teórico. É fruto de campo e foi desenvolvido a partir de dezenas de projetos reais, com diferentes portes, segmentos e níveis de maturidade digital.

Não importa se a sua empresa é pequena, com uma única pessoa respondendo nos diversos canais (WhatsApp, *marketplaces*, redes sociais, etc.), ou se já tem um time de atendimento com dezenas de agentes.

O método funciona como uma base que organiza a operação em quatro frentes: Contexto, Humanização, Ativação e Tecnologia. Cada uma delas será detalhada nos próximos capítulos.

O que você precisa entender agora é que o método CHAT serve para:

- Planejar a adoção do Chat Commerce com clareza e foco no resultado.
- Diagnosticar gargalos em operações já existentes.
- Guiar decisões estruturais, como equipe, processos, ferramentas e métricas.
- Conduzir treinamentos, usando os pilares como eixo de capacitação prática.
- Manter coerência comercial entre os diferentes pontos de contato da jornada conversacional.

Ou seja, ele não é uma filosofia vaga, é uma nova ferramenta de trabalho. Um passo a passo que estrutura as decisões e permite que a conversa com o cliente seja, de fato, um canal de vendas eficiente.

Você pode usá-lo para:

- Reposicionar o atendimento como canal de receita.
- Criar lógica comercial nos times que atendem os clientes.
- Integrar *marketing*, vendas e atendimento com um modelo comum.

- Alinhar a equipe em torno de objetivos práticos e mensuráveis.

Não importa se você vai aplicar em apenas um canal (como o WhatsApp), ou se sua operação atua também em redes sociais, *marketplaces* e site próprio.

O método CHAT te ajuda a responder com clareza se você está atendendo para vender, ou apenas apagando incêndios. Se a resposta for a segunda, este é o momento de virar o jogo.

O que vem a seguir

Nos próximos capítulos, vamos mergulhar em cada letra do método. Vamos explorar, com calma e exemplos reais, como aplicar o C, o H, o A e o T em diferentes contextos.

Em lojas pequenas, médias ou grandes, com IA ou com humanos, em operações centralizadas ou descentralizadas.

Porque, independentemente do tamanho do negócio, o princípio é o mesmo: atender com estratégia, conversar para gerar conexões e mais vendas no final do dia.

9

C de Contexto

CONTEXTO É O PONTO de partida de toda conversa comercial relevante.

No método CHAT, a letra "C" representa exatamente essa competência, onde buscamos compreender quem é o cliente, por qual canal ele chegou, em que ponto da jornada se encontra e o que motivou a iniciar a interação conosco.

Esse não é um detalhe técnico, é um princípio fundamental para tratar o cliente da forma certa.

Ao contrário do que muitos pensam, capturar o contexto não exige tecnologia avançada ou estruturas complexas. Exige atenção ao detalhe, escuta ativa e uma operação preparada para agir com base no que o cliente já sinalizou.

Neste capítulo, vamos aprofundar como o contexto impacta diretamente a qualidade do atendimento, a produtividade da equipe e a conversão em vendas.

Também veremos por que ignorá-lo compromete toda a experiência, e como equipes de diferentes portes podem implementar práticas simples para garantir que nenhuma conversa comece do zero.

Entender de onde vem o cliente muda tudo

Imagine dois clientes fazendo a mesma pergunta: *"Vocês têm esse modelo no tamanho M?"*

Apesar de a frase ser idêntica, o ponto de partida pode ser completamente distinto.

O primeiro cliente acabou de clicar em um anúncio no Instagram e está tendo seu primeiro contato com a marca. O segundo já realizou duas compras anteriores, adicionou o produto no carrinho na semana passada e agora retorna para tirar uma dúvida.

Responder os dois da mesma forma é um erro que compromete a eficiência do atendimento. Porque, embora a pergunta seja a mesma, o contexto é diferente e exige abordagens distintas.

Atendimento com contexto é aquele que parte de um ponto mais avançado da conversa, pois reconhece comportamentos prévios e, após identificar sinais de interesse do cliente, ajusta o tom ao ponto da jornada em que o cliente se encontra.

Em vez de tratar todo mundo como um novo visitante, o atendimento passa a refletir o que a empresa sabe sobre aquele consumidor. E o consumidor percebe que está sendo tratado como alguém que já tem uma história com a marca, não como *"mais um cliente"*.

O atendimento às escuras ainda é o que predomina

Infelizmente, a maior parte das operações ainda trabalha no escuro. O cliente envia uma mensagem e precisa repetir informações básicas que já havia compartilhado em interações anteriores.

É comum ver empresas pedindo nome, e-mail, CPF e o motivo do contato mesmo quando a conversa está acontecendo em um canal onde esses dados já constam no sistema. Não é raro, também, que o atendente nem perceba que o cliente está retornando de uma conversa anterior, ou que foi impactado por uma campanha específica.

Esse padrão, repetido milhares de vezes, desgasta o relacionamento e joga fora inúmeras oportunidades. Ele sinaliza despreparo, empresas que não enxergam o histórico, não consideram o canal de origem e, pior ainda, tratam a conversa como uma ocorrência isolada, quando, na verdade, ela é parte de um processo contínuo.

Em um cenário cada dia mais competitivo, onde a experiência conta tanto quanto o produto ou o preço, dar atenção ao contexto é praticamente uma obrigação para quem preza por encantar seus clientes.

As três camadas de contexto que toda operação pode usar

Mesmo sem grandes investimentos tecnológicos, é possível entender o contexto de forma consistente. Há, basicamente, três fontes acessíveis de informação que ajudam a iniciar a conversa no ponto certo: o canal de origem, o histórico do cliente e o estágio da jornada em que ele se encontra.

1. Canal de origem

Saber por onde o cliente chegou já diz muito sobre suas expectativas. Um cliente que envia uma pergunta pelo WhatsApp geralmente espera agilidade, clareza e resolução rápida. Se ele veio do Instagram, pode estar em modo de descoberta, aberto a sugestões, mas ainda construindo confiança. Já se está em contato por meio de um *marketplace*, provavelmente tem uma dúvida específica e deseja concluir a compra com rapidez.

A empresa precisa reconhecer isso e adaptar a linguagem, o ritmo e o foco da conversa de acordo com o canal.

2. Histórico de interações

Tratar o cliente como alguém desconhecido, quando ele já interagiu anteriormente com a marca, é uma falha grave e, hoje em dia, ainda é mais comum do que deveria. O mínimo esperado é que o sistema de atendimento permita ao time visualizar as compras passadas, as mensagens anteriores e demais registros que sinalizem preferências do cliente.

Isso não só evita perguntas repetidas como também cria oportunidades de recomendação. Dizer, por exemplo, *"vejo que no mês passado você comprou o modelo X; temos agora uma versão com tecido mais leve que muitos clientes estão preferindo"* é uma forma sutil, mas poderosa, de ativar uma nova venda com base no histórico.

3. Estágio da jornada de compra

Nem todo cliente que entra em contato está pronto para comprar. Alguns estão em fase de pesquisa, outros estão comparando opções. Alguns querem um empurrão final, e há aqueles que só querem entender melhor o produto ou o serviço.

Saber identificar esse momento muda tudo. Para isso, é necessário que o atendente desenvolva escuta ativa, perceba os sinais que o cliente dá e, se necessário, faça perguntas simples para situar a conversa.

> *"Você chegou a usar algo parecido antes?" "Está buscando para você ou para presente?"*
> *"Quer ajuda para decidir entre os dois modelos?"*

Estas, são perguntas que direcionam a conversa sem invadir o espaço do cliente.

Por que capturar o contexto melhora a conversão

Conversas iniciadas com contexto fluem melhor, têm menos atrito, duram menos tempo e geram mais confiança. Do ponto de vista do negócio, isso se traduz em ganhos objetivos: mais conversões, redução do tempo médio de atendimento, diminuição do número de interações por venda e aumento na taxa de satisfação.

Além disso, quando a empresa demonstra que conhece o cliente, esse cliente tende a se abrir mais, confiar mais e até pagar mais. Isso já foi confirmado por diferentes estudos de comportamento de consumo: quanto maior a personalização percebida, maior a disposição para compra.

Em contrapartida, um atendimento que parece não reconhecer o cliente, não conecta com o histórico e trata tudo como se fosse a primeira vez transmite insegurança, e isso é um inimigo natural da venda, especialmente no ambiente digital.

O que costuma atrapalhar o uso do contexto

É importante reconhecer que, mesmo em empresas que possuem ferramentas para capturar e exibir o contexto, nem sempre são bem aproveitadas. Os motivos são variados.

Muitas vezes, o sistema exibe as informações, mas os atendentes não têm o hábito (ou o tempo) de consultá-las. Em outras situações, os dados estão disponíveis, mas os canais não estão integrados, e a equipe precisa trocar de plataforma para acessar um simples histórico. Há casos em que a informação está fragmentada, mal organizada ou escondida atrás de uma interface pouco amigável.

Além disso, existe o desafio cultural, se a equipe não entende o valor de adaptar a abordagem com base no contexto, mesmo as melhores ferramentas não fazem diferença.

Por fim, há o problema das automações mal configuradas. Chatbots que pedem as mesmas informações que o cliente já forneceu, fluxos que ignoram a etapa anterior, roteiros engessados que tratam dúvidas distintas com a mesma resposta.

Tudo isso joga contra a percepção de cuidado e piora muito a experiência do cliente.

Como aplicar o "C" de forma consistente na rotina do atendimento

Para transformar o pilar do contexto em prática cotidiana, algumas ações são fundamentais:

- Exiba, de forma clara e visual, o canal de origem e o histórico da conversa no sistema de atendimento.
- Oriente os atendentes a dedicar alguns segundos para ler o histórico antes de responder.
- Padronize perguntas de qualificação leve que ajudem a entender o estágio da jornada.
- Segmente os fluxos automatizados por tipo de cliente (ex: novo, recorrente, reativo, exploratório).
- Use tags e anotações inteligentes para registrar preferências, estilos e padrões de comportamento.
- Revise o tom de voz da marca por canal, ajustando o estilo da conversa conforme o ambiente (WhatsApp, Instagram, site, *marketplace*).

Essas ações não exigem grandes investimentos, estão muito mais ligadas a processos, cultura interna e foco em garantir que o cliente tenha uma boa experiência ao se relacionar com a empresa.

Mais do que um processo técnico, o contexto deve ser visto como parte da cultura da conversa. Uma operação que valoriza o contexto entende que atender bem não é apenas responder rápido, é responder certo e sempre.

Essa cultura se reflete em cada detalhe, no jeito de iniciar a conversa, no modo como se retoma um atendimento anterior, na forma de sugerir um produto ou até no cuidado de não repetir perguntas que o cliente já respondeu.

Empresas que operam assim transmitem maturidade, profissionalismo e respeito e, ao fazerem isso de forma consistente, constroem um atendimento que não está ali apenas para tirar dúvidas ou resolver problemas, está ali para gerar mais vendas.

Para pensar e agir

Antes de seguir para o próximo capítulo, vale se fazer algumas perguntas:

- As conversas na sua operação começam com clareza sobre o canal, o histórico e a jornada?
- O seu time sabe diferenciar um cliente em descoberta de um cliente pronto para decidir?
- O sistema de atendimento oferece contexto real ou apenas dados soltos?
- As automações estão adaptadas aos diferentes perfis de clientes?
- A experiência de quem volta a conversar com a sua marca é mais leve ou mais burocrática?

Se a maioria das respostas estiver pendendo para o lado da ineficiência, esse é um bom sinal de que o "C" do seu método precisa de atenção. Porque, como vimos ao longo deste capítulo, sem contexto, todo o resto perde a força.

10

H de Humanização

Em tempos de automação em massa, a conversa que soa humana é a que se destaca.

Por isso, no método CHAT, a letra "H" representa um pilar essencial, que trata da humanização das interações.

Não importa se a conversa acontece por WhatsApp, *chat* do site ou redes sociais, também não importa se ela é conduzida por um humano ou por uma IA. O que importa é que ela soe como conversa, e não como um formulário disfarçado de diálogo.

A humanização não é um detalhe estético. É um fator de conexão entre as partes, ligado diretamente à conversão, que transforma uma troca mecânica em uma experiência memorável. Gerando conexão, você tem um caminho mais fácil para conquistar confiança e despertar a vontade de comprar.

Neste capítulo, vamos explorar por que a humanização é um diferencial competitivo no atendimento, como ela pode (e deve) ser aplicada mesmo em conversas automatizadas e o que fazer para padronizar o tom certo sem perder autenticidade.

Humanizar é conversar de forma simples e sem firulas

Existe um equívoco comum no uso da palavra *"humanização"*. Muitos associam o termo a conversas longas, cheias de informalidade, *emojis* ou excesso de simpatia. Mas não é disso que estamos falando.

Humanizar é, essencialmente, reconhecer que existe uma pessoa do outro lado da conversa. Uma pessoa com tempo limitado, contexto específico e um objetivo a ser alcançado (resolução, compra, etc.).

Quando aplicamos a humanização, tratamos cada pessoa com atenção, respeito, empatia e, o mais importante, com objetividade. Ou seja, humanização é equilíbrio, usando linguagem próxima e não invasiva. Você age com clareza, vai direto ao ponto, sem parecer robótico.

No atendimento que vende, o foco não é só encantar a qualquer custo, mas também criar um ambiente seguro, natural e direto, onde a pessoa se sinta confortável para avançar na jornada de compra.

Por que a humanização influencia a conversão

Conversas humanizadas geram mais confiança, e confiança, no varejo digital, é um acelerador de decisões.

Quando o cliente sente que está falando com alguém que entende seu problema, que está presente de verdade e que está ali para ajudar (e não apenas para cumprir um protocolo), ele tende a se engajar mais, perguntar mais, considerar mais e comprar com mais segurança.

Estudos de comportamento já mostraram que a percepção de atendimento *"atento e humano"* está entre os principais fatores que influenciam a lealdade à marca, especialmente nas gerações mais jovens. Clientes que se sentem tratados como indivíduos, e não como números, recomendam mais, voltam mais e reclamam menos.

Além disso, a humanização reduz o atrito, evita mal-entendidos, reduz retrabalho e encurta o tempo da conversa. Em vez de trocas frias e repetitivas, surgem diálogos com fluxo real. No fim das contas, quanto mais fluida é a conversa, menor o risco do cliente desistir de você.

Mesmo reconhecendo o valor da humanização, muitas empresas não conseguem aplicá-la com consistência. Os motivos são variados, mas alguns se repetem com frequência.

1. **Excesso de *scripts* e falta de autonomia:** Quando o atendente é obrigado a seguir um roteiro engessado, ele perde a capacidade de ajustar o tom à situação. O cliente percebe quando a resposta é decorada e isso quebra a conexão.

2. **Medo da informalidade:** Algumas empresas têm receio de parecerem pouco profissionais se a linguagem for mais direta ou próxima. Mas, ao tentar ser excessivamente formal, acabam soando distantes, frias e até grosseiras.

3. **Automatizações mal configuradas:** Chatbots que repetem respostas, usam frases genéricas ou ignoram o que o cliente disse são grandes sabotadores da

humanização. Em vez de ajudar, essas interações frustram e afastam.

4. **Falta de alinhamento entre marca e voz:** A empresa tem uma linguagem nas redes sociais e outra completamente diferente no atendimento. Isso gera ruído, e o cliente sente que está falando com outra marca.

Por fim, entenda que a humanização não acontece por acidente, ela precisa ser desenhada, treinada e monitorada.

Como aplicar humanização com escala (mesmo usando tecnologia)

Uma das grandes dúvidas de quem lidera operações é como manter o tom humano quando se tem dezenas ou centenas de atendentes, ou quando se usa automação. A resposta está em dois pilares: clareza de diretrizes e liberdade com responsabilidade.

Diretrizes claras significam que a equipe deve saber:

- Qual é o tom da marca (mais descontraído, mais objetivo, mais institucional).
- Quais palavras devem ser evitadas (jargões, termos técnicos, negativas secas).
- Como lidar com diferentes emoções do cliente (pressa, insegurança, entusiasmo).
- Quando usar emoji, abreviações ou *links* prontos, e quando evitar.

Já a liberdade com responsabilidade garante que o atendente (ou o *bot*) possa ajustar a linguagem conforme o canal e o perfil do cliente. Isso evita que todos falem iguais, mas também evita que cada um fale de um jeito completamente diferente.

Mesmo na automação, é possível (e necessário) aplicar a humanização, considerando:

- Usar nomes quando possível: *"Oi, João. Tudo bem?"*.
- Fazer transições suaves: *"Posso te ajudar com isso agora mesmo."*.
- Evitar frases genéricas: *"Sua dúvida é muito importante para nós..."*.
- Antecipar perguntas com empatia: *"Já vou te mandar o link para o checkout, ok?"*.
- Criar respostas que respeitem o tempo e o tom da conversa.

Uma das conclusões mais inconvenientes a que cheguei após acompanhar inúmeras operações de Chat Commerce é que *chatbots* bem treinados podem ser acolhedores, enquanto atendentes despreparados podem soar piores que os robôs. A diferença está no cuidado com a experiência.

A linguagem usada no atendimento deve ser um reflexo da marca. Ela precisa estar em sintonia com o conteúdo da empresa, com sua identidade visual, com sua proposta de valor.

Para isso, vale desenvolver um pequeno manual de tom de voz com base nas seguintes dimensões:

- Formalidade: em uma escala de 1 (informal) a 5 (formal), onde a marca se posiciona?

- Velocidade de fala (ritmo): as frases são mais curtas e objetivas ou mais explicativas?
- Presença de humor ou leveza: há espaço para descontração? Em quais momentos?
- Vocabulário técnico: o uso de termos do segmento é incentivado ou evitado?
- Empatia e escuta: a abordagem é mais direta ou mais acolhedora?

Com esse norte, a equipe tem mais segurança para conversar de forma coerente com a identidade da marca, mesmo adaptando o tom à situação.

Exemplos de boas práticas na humanização

1. Comece com proximidade (mas sem clichê)

Evite frases genéricas automáticas como *"em que posso te ajudar?"* ou *"nosso horário de atendimento é..."*. Prefira algo que reconheça a mensagem do cliente. Exemplo: *"Oi, tudo bem? Vi que você está em dúvida sobre o modelo X. Vamos resolver isso agora mesmo."*

2. Use o nome do cliente (quando possível e relevante)

Se a plataforma já identifica o nome, use. Mas com naturalidade. *"Oi, Ana! Tudo certo?"* soa mais próximo do que *"Prezada Ana Silva"*.

3. Mantenha frases completas e claras

Evite abreviações desnecessárias ou mensagens soltas. Escreva como você falaria, com clareza e coerência.

4. Mostre que você está presente

Quando for necessário pesquisar algo, avise. *"Vou verificar aqui rapidinho, tá?"* É melhor do que deixar o cliente esperando em silêncio.

5. Cuidado com o excesso de informalidade

Em alguns contextos, ser informal demais pode parecer despreparo. *"Mano, se liga nessa promo!"* pode funcionar no Instagram da marca, mas não no pós-venda de um produto premium.

6. Finalize com encaminhamento real

Evite encerrar com *"seguimos à disposição"*. Prefira algo mais concreto, como *"Te mandei o link com o cupom aplicado. Veja se consegue acessar e me confirma, por favor?"* Isso mostra presença e compromisso.

Humanização como cultura de conversa

Assim como o contexto precisa ser parte da cultura operacional, a humanização precisa ser parte da cultura de conversa da marca. Isso exige consistência, treinamento e reforço contínuo.

Empresas que priorizam esse pilar têm clientes mais satisfeitos, ciclos de venda mais curtos e taxas de recompra mais altas. Porque o cliente se lembra de como foi tratado. Ele pode até esquecer o preço, o prazo ou o modelo, mas não esquece a experiência da conversa.

E, no fim das contas, o estado da arte está em vender sem parecer que está vendendo. Ajudar de verdade, conversando com naturalidade, resolvendo com empatia, e conduzir com leveza até o momento da compra. Isso é atendimento com alma, atendimento que vende.

Para pensar e agir

Pare por uns instantes e reflita sobre as questões abaixo:

- Sua equipe tem clareza sobre o tom de voz da marca no atendimento?

- As automações da sua empresa soam como conversa ou como notificação de sistema?

- Os *scripts* estão alinhados à naturalidade desejada dos atendimentos?

- O cliente sente que está sendo ouvido, ou fica claro de que se trata de *"mais um atendimento"*?
- O atendimento tem estilos diferentes para cada atendente ou canal?

Responder a essas perguntas com honestidade é o primeiro passo para aprimorar o pilar da humanização.

11

A de Ativação

Se o contexto organiza a conversa e a humanização cria conexão, a ativação é o que transforma esse diálogo em oportunidade real de venda.

No método CHAT, o "A" representa justamente esse ponto de virada: conduzir o cliente de forma clara para o próximo passo, normalmente a decisão de compra.

Aqui é importante ser direto, pois atendimento que não vende vai sempre ser visto como centro de custo. Por mais que seja simpático, atencioso e ágil, se não faz parte da jornada de compra, pegando o cliente pela mão e levando até o fechamento, será visto como sempre uma engrenagem de apoio ao processo.

Ativar é facilitar, transformar desejo em ação, dando ao cliente o incentivo e a confiança para seguir adiante, com naturalidade, clareza e profissionalismo.

É comum encontrar equipes de atendimento bem treinadas, empáticas e rápidas, mas que não convertem. Elas resolvem dúvidas, prestam suporte, criam uma boa impressão, e mesmo assim, a venda não acontece.

Quando olhamos de perto, o que falta quase sempre é o movimento de ativação.

A conversa vai bem, mas termina sem um convite claro, então o cliente agradece, o atendente se coloca à disposição e... fica por isso mesmo.

É como um vendedor de loja física que mostra o produto, explica os detalhes, responde às perguntas, mas não convida o cliente a provar ou a passar no caixa. Ele espera que o cliente tome a iniciativa, e muitas vezes, o cliente não toma.

No ambiente digital, onde a dispersão é enorme e o tempo de atenção é curto, não basta criar uma boa experiência, é preciso pegar o cliente pela mão e conduzi-lo à decisão de compra.

Neste capítulo, vamos explorar por que a ativação é muitas vezes negligenciada, como ela pode (e deve) ser aplicada em diferentes canais de atendimento e quais práticas ajudam a transformar interações em conversões reais.

O que é ativar?

Ativar é tornar claro qual é o próximo passo, guiando o cliente com gentileza, mas com direção. É transformar uma conversa em uma jornada com destino claro, o fechamento da venda.

Isso pode acontecer de várias formas:

- Enviando o *link* direto para a compra, com o produto já selecionado.
- Formalizar orçamento ou proposta para o cliente.
- Entregar o *link* do *checkout* pronto para pagamento.
- Apresentando uma condição especial que vale por tempo limitado.

- Oferecendo ajuda para concluir o pedido ou simular o frete.
- Reservar o item por um período para estimular a decisão.
- Apontando o melhor canal para finalizar a transação (*site*, *checkout* personalizado, WhatsApp Pay, etc.).
- Esclarecer dúvidas e conduzir ao próximo passo.

Da mesma forma, é importante deixar claro, também, o que não é ativação:

- Limitar-se a dizer algo como *"estamos à disposição"* sem encaminhar nada.
- Encerrar a conversa sem uma ação concreta.
- Esperar que o cliente peça para comprar.
- Enviar o site genérico sem contexto.
- Deixar a venda *"no ar"*, como se fosse um favor que o cliente nos faz.

Quando a ativação não acontece, a chance de conversão despenca, mesmo quando a conversa foi boa, e mesmo quando houve interesse. Porque a intenção de compra sem condução é venda desperdiçada.

Por que a ativação costuma ser negligenciada

Existem pelo menos quatro razões comuns pelas quais muitas operações falham na ativação:

1. Falta de clareza sobre o papel do atendimento

Se a equipe acredita que está ali apenas para tirar dúvidas, ela não enxerga a oportunidade de vender, logo a venda passa a ser acidental, não intencional.

2. Falta de autonomia para propor soluções

Muitos atendentes não têm liberdade para oferecer condições, sugerir produtos alternativos ou encurtar o caminho da compra. Isso gera dependência excessiva de outros setores e trava o fluxo da conversa.

3. Medo de parecer insistente

Existe um receio, especialmente em canais mais informais, de que convidar o cliente para comprar soe como pressão. Esse receio, quando não trabalhado, trava o atendente e joga contra, uma vez que ativar não é insistir, é conduzir para a decisão de comprar.

4. Falta de processo claro para finalização

Em muitas empresas, o atendimento termina sem uma rota clara para a conversão. O cliente precisa *"se virar"* encontrar por conta própria os produtos para montar o carrinho, avançar no *checkout*, tratar as opções de pagamento.

Pode parecer simples, mas isso ainda é um grande fator de fricção, que aumenta o abandono. A função da ativação não é forçar a venda, mas remover os obstáculos que impedem que ela aconteça naturalmente.

Exemplos práticos de ativação eficiente:

- *"Acabei de gerar um link com o cupom aplicado. Pode finalizar por aqui mesmo."*
- *"Esse modelo que você gostou tá com frete grátis até hoje. Posso reservar no seu nome por 30 minutos?"*
- *"Se preferir pagar por Pix, já te mando o QR Code direto agora."*
- *"Montei um combo com os dois produtos que você citou, com desconto no segundo item. Quer dar uma olhada?"*

Essas frases não pressionam, elas têm uma pegada de resolução, deixando o cliente seguro de que ele pode agir agora, se quiser, que existe alguém por perto para facilitar, apoiar se preciso.

Como treinar equipes para ativar com naturalidade

A ativação funciona melhor quando vem no momento certo, nem cedo demais, nem tarde demais.

Se a proposta é feita cedo demais, antes que o cliente entenda o produto ou confie na marca, pode gerar resistência. Se é feita tarde demais, o cliente já perdeu o impulso, mudou de aba ou esqueceu do que queria.

Por isso, o bom atendimento é sensível ao ritmo da conversa. Ele percebe quando a dúvida foi resolvida, quando o interesse aumentou e quando o cliente demonstrou abertura para ser abordado. É nesse momento que a ativação acontece com mais naturalidade.

Muitos vendedores experientes desenvolvem esse faro com o tempo, mas esse senso também pode (e deve) ser treinado.

Claro que a ativação é uma habilidade que pode ser ensinada com método. Aqui vão alguns princípios para treinar sua equipe com esse foco:

1. Ensine o que é um próximo passo claro

Deixe claro que toda conversa precisa terminar com um convite à ação. Seja o *link* do produto, uma reserva ou um carrinho montado. O importante é que o cliente saiba qual é o caminho e que ele está sendo conduzido, podendo contar com alguém caso precise.

2. Use modelos de frase com naturalidade

Ofereça sugestões de como ativar sem parecer forçado. Frases como *"Posso te enviar agora o link com o cupom aplicado?"* funcionam melhor do que *"Você vai querer comprar?"*. A primeira conduz, enquanto a segunda pressiona, para não dizer que afasta.

3. Crie gatilhos de ativação por tipo de cliente

Se o cliente está em dúvida entre dois produtos, o gatilho de ativação pode ser uma comparação com recomendação. Se o cliente já comprou antes, pode ser uma oferta complementar. Treine a equipe para identificar o contexto e usar o gatilho mais adequado.

4. Dê liberdade com responsabilidade

Ativar exige sensibilidade. Evite *scripts* e roteiros engessados que soem mecânicos. Dê liberdade para o atendente usar o bom senso, mas forneça exemplos claros do que funciona.

5. Meça e reconheça quem ativa bem

Inclua indicadores de ativação nos relatórios. Quantas conversas terminaram com um carrinho gerado? Quantas resultaram em reserva feita ou pedido encaminhado? Reconheça quem tem bom desempenho e use esses exemplos como referência para os demais.

A ativação em fluxos automatizados

Chatbots e agentes de IA também podem ativar. Aliás, quando bem programados, eles fazem isso com mais velocidade e assertividade do que muitos humanos.

O segredo está no desenho do fluxo:

- Quando o objetivo do cliente é identificado, como por exemplo, quando ele demonstra interesse em um produto, procure oferecer o *link* direto para compra.

- Quando há dúvida sobre variação (tamanho, cor), procure direcionar para um atendente ou oferecer opções personalizadas.

- Quando o cliente pergunta sobre preço, mostre a melhor condição para que encaixe no orçamento, ou ofereça um cupom de desconto válido por tempo limitado (gerando urgência na decisão).

A ativação automática deve ser contextual, clara e orientada à ação, não se limitando a dizer *"confira no nosso site"*. Ao invés disso, procure levar o cliente para o ponto exato da decisão, quanto mais perto do pedido realizado, melhor.

Para pensar e agir

Responda a essas perguntas para entender se o "A" no seu cenário está funcionando, ou se precisa de ajustes:

- Suas conversas de atendimento terminam com clareza sobre o próximo passo?

- O seu time sabe como conduzir uma conversa até a venda, sem parecer insistente?
- Os fluxos automatizados da sua empresa incluem pontos de ativação?
- Existe espaço para personalização das propostas, mesmo em escala?
- Você mede a taxa de conversas com proposta clara de fechamento?

12

T de Tecnologia

Quando falamos de atendimento que vende, tecnologia não é opcional, é o que sustenta a estratégia de Chat Commerce.

Sem substituir o envolvimento humano, ela potencializa o trabalho das pessoas e garante escalabilidade.

No método CHAT, o “T” representa justamente isso: a capacidade de usar a tecnologia a favor da conexão entre as partes, e não no lugar dela.

Nos capítulos anteriores, vimos como o contexto, a humanização e a ativação são peças-chave para transformar interações em conversões. Neste último pilar, vamos entender como a tecnologia conecta todos esses elementos, viabiliza a escala e eleva o padrão do atendimento, quando bem aplicada.

Vamos também refletir sobre o uso responsável da automação, a diferença entre eficiência e desumanização, e como a inteligência artificial pode ser uma aliada estratégica na construção de um atendimento que não só responde rápido, mas responde certo, e conduz o cliente até a decisão de compra.

A tecnologia certa faz a conversa virar v enda

Imagine uma engrenagem, dessas que ficam girando lá dentro de uma máquina. Muitas vezes invisível, silenciosa, mas que, se travar, para tudo. Assim é a tecnologia no método CHAT. É o que permite que todas as outras partes se movam em sintonia, mas sem ela, o atendimento não escala, as vendas não acontecem e o esforço humano vira gargalo.

Essa percepção não veio do nada, ela nasceu da prática, uma vez que ao longo da minha trajetória, vivi o varejo por dentro e de diferentes formas.

Passei pela operação da Havan, lidando com o dia a dia de loja, estoque, até chegar no time que desenvolvia todos os sistemas (de gestão à frente de caixa). Depois, mergulhei de cabeça na fundação da Hiper, criando *software* de gestão para lojistas de pequeno porte num país onde tecnologia ainda era um privilégio para poucos. Anos mais tarde, voltei a empreender com a Loopia, e com ela, um novo desafio: transformar o atendimento em canal de vendas usando inteligência artificial.

É fácil cair na armadilha de achar que tecnologia no atendimento é sinônimo de rapidez. Claro que velocidade importa, pois ninguém quer esperar meia hora por uma resposta. Mas a tecnologia, por si só, não garante boa experiência. Ela só cumpre seu papel quando é relevante, simples e adaptável a cada contexto.

A boa tecnologia é invisível para o cliente e dá um poder a mais para quem opera, ela ajuda o atendente a ser mais preciso, a responder com padrão e empatia e, mais do que tudo, ajuda o cliente a chegar no seu objetivo de forma simples.

O que ela não pode fazer é virar um obstáculo, o que acontece, infelizmente, quando o foco está só em automatizar, sem estratégia. *Chatbots* travados, fluxos engessados, mensagens genéricas, podem parecer exceções, mas ainda é o que predomina por aí, hoje em dia.

Tecnologia na prática (sem hype)

Durante muito tempo, falar de tecnologia no varejo soava como algo distante. Um *"plus"*, coisa para empresas grandes, algo que viria depois que tudo estivesse resolvido.

Muitos viam o investimento em sistemas, integrações e automações como custo ou, pior ainda, como algo complexo e desnecessário. Mas o jogo virou, e hoje a tecnologia deixou de ser uma camada opcional, virou pré-requisito para competir.

Da mesma forma que automatizar é útil, automatizar de qualquer forma, sem pensamento estratégico, é um tiro no pé.

Quando a automação é pensada com base no comportamento real do consumidor, ela encurta caminhos, reduz atrito e ajuda a fazer mais com menos.

E quando falamos de Chat Commerce, essa verdade fica ainda mais evidente. Porque aqui, diferente de outras áreas, o volume e a velocidade da interação são altos demais para depender apenas de processos manuais.

Sem tecnologia, o atendimento até pode funcionar. Mas vai funcionar no limite das pessoas, vai depender do turno, da boa vontade, da memória e do improviso.

Com tecnologia, o atendimento ganha estrutura, escala e, mais do que isso, torna-se eficiente.

A tecnologia como espinha dorsal do atendimento nos dias atuais

O método que eu apresento neste livro tem quatro pilares: Contexto, Humanização, Ativação e Tecnologia. Os três primeiros lidam diretamente com o comportamento, com a lógica da conversa e com a experiência do cliente. O quarto, o "T", é o que permite que tudo isso aconteça com consistência e eficiência.

Para que os outros três pilares do método (Contexto, Humanização e Ativação) funcionem de forma consistente e escalável, a tecnologia precisa sustentar a operação nos bastidores.

Na prática, o T de Tecnologia se traduz em várias frentes:

- **Centralização dos canais de atendimento em uma única plataforma:** Quando a equipe consegue atender WhatsApp, redes sociais, *marketplaces* e e-mail em um só lugar, com histórico e contexto visível, a experiência melhora e os erros caem drasticamente.

- **Disponibilidade 24/7:** Ter atendimento ativo mesmo quando a equipe está fora do expediente, mantendo consistência na comunicação sem soar robótico, adaptando a conversa ao perfil de cada cliente.

- **Integração entre sistemas:** Saber o que o cliente comprou, quando comprou, se teve problemas anteriores ou se é recorrente tende a mudar completamente o tom da conversa. Essas informações, quando integradas, agilizam a vida do atendente, que não precisa ficar pulando de aba em aba no navegador, geram precisão e empatia ao mesmo tempo.

- **Respostas inteligentes com base em dados reais:** IA generativa pode interpretar padrões e propor respostas mais adequadas. Ferramentas com base em aprendizado contínuo ajustam o conteúdo à medida que mais conversas acontecem. Isso transforma o atendimento em um ciclo de evolução constante.

- **Orquestração entre humano e robô:** Usar *bots* para fazer o básico, liberar os humanos para o que importa, sem criar labirintos para o cliente. Um bom fluxo sabe quando automatizar e quando transferir. E, mais importante, sabe como transferir de forma suave, pois o cliente não pode sentir que está sendo jogado de um lado para outro.

- **Métricas e monitoramento em tempo real:** Com tecnologia, é possível medir tempo médio de resposta, taxa de ativação, taxa de clique em *links* enviados, conversão por canal. Esses dados não são apenas indicadores, são aliados da boa gestão. Permitem ajustes finos, treinamentos direcionados e decisões baseadas em dados reais, e não em achismo.

IA no atendimento: tendência ou nova realidade?

Muita gente confunde "*ter tecnologia*" com "*ter ferramentas*". Mas qualquer *software* sem método é só mais uma janela aberta no navegador. A estrutura de Chat Commerce que funciona é aquela que conecta os pontos, que entende a jornada e responde com inteligência.

Ter tecnologia não é sair assinando qualquer *software*, mas ter clareza sobre o que precisa ser resolvido, que tipo de automação ajuda e que tipo atrapalha, colocando o digital a serviço da estratégia, e não o contrário.

A inteligência artificial deixou de ser uma aposta para o futuro. Ela já está incorporada às principais plataformas de atendimento do mercado e vem assumindo papéis cada vez mais estratégicos.

Mas vale fazer um alerta: IA no atendimento não é pensar apenas em *chatbot*. IA envolve entender a intenção do cliente, detectar seu sentimento, prever o comportamento, recomendar produtos corretamente, direcionar o cliente para a venda, com o intuito de automatizar etapas da jornada de compra, olhando para o todo, não para fragmentos dela.

Alguns exemplos de uso avançado (e real):

- Identificação automática do estágio de jornada do cliente, com base nas palavras que ele usa.

- Sugestão de resposta para o atendente, com opção de personalização antes do envio.

- Geração automática de resumos de atendimento, facilitando a transição entre turnos ou entre canais.
- Organização de intenções por volume, para mapear onde estão as principais dúvidas, objeções ou oportunidades.
- Testes A/B de *scripts* de resposta, com otimização contínua do tom, mensagens ou chamada para ação.

Esses usos não têm nada a ver com substituir o atendimento humano. Eles, na verdade, refinam e potencializam o atendimento humano, e quando bem implementados, aumentam vendas, reduzem custo e melhoram a experiência.

Do improviso à inteligência

Nos primeiros meses da Loopia, vimos muitos clientes tratando os atendimentos de *marketplaces* e WhatsApp como uma obrigação, algo que estava ali por estar, sem operar com lógica comercial.

Os vendedores respondiam de forma desorganizada, sem roteiros claros, sem indicadores e relatórios para gestão, sem conexão com o restante da operação.

Pouco a pouco, começamos a estruturar os fluxos, criamos integrações, definimos processos e apoiamos na capacitação das equipes. Implementamos inteligência artificial para dar suporte no primeiro contato e roteamento inteligente para a equipe humana.

Ficou claro para nós que a tecnologia não é o fim, mas é o meio mais poderoso para sustentar tudo que o método CHAT propõe.

Talvez o maior desafio de quem lidera operações de atendimento hoje seja equilibrar escala com empatia ao atender o cliente. E é aí que a tecnologia pode ajudar a humanizar.

Sim, parece contraditório, mas é isso mesmo.

Por isso, o T do método CHAT não está no fim por acaso, ele existe para sustentar os anteriores. Sem contexto, a tecnologia responde errado. Sem humanização, ela soa fria. Sem ativação, ela termina em conversas vazias.

Quando esses pilares estão alinhados, a tecnologia funciona como multiplicador, e não como barreira.

Agentes inteligentes

Quando se fala em tecnologia no Chat Commerce, é natural que os holofotes se voltem para os avanços em inteligência artificial, integrações com CRMs e *chatbots* cada vez mais sofisticados.

Mas na prática, a pergunta que mais escuto dos times de atendimento e vendas ainda é sobre o que se deve automatizar, e o que ainda precisa de gente de verdade atuando.

Não acho que esse pensamento seja em vão, pois automatizar demais pode desumanizar, jogando contra a experiência do cliente. Por outro lado, deixar de automatizar, pode trazer sérios impactos no crescimento e nos resultados.

A resposta para esse dilema, assim como quase tudo na vida, está no equilíbrio, e vai ficando mais fácil de entender quando aprofundamos nas questões sobre como colocar em prática uma estratégia de automação baseada em *chatbots* inteligentes.

Após conhecer uma infinidade de casos práticos com os clientes da Loopia, fui percebendo que os assistentes mais eficazes não são os que tentam resolver tudo sozinhos, e sim os que atuam com papéis específicos, como se fossem membros de um time.

Cada um com seu objetivo, com funções bem definidas e conversas desenhadas para atender a propósitos específicos.

Foi a partir dessa observação prática que estruturei um modelo com quatro tipos de agentes inteligentes aplicados com mais frequência no Chat Commerce, que podem ser combinados em diferentes jornadas de atendimento e vendas.

A seguir, explico cada um deles com uma linguagem simples, conectando com situações reais do varejo digital.

1. Direcionador: o agente que acolhe e encaminha

Todo atendimento começa a recepção do cliente e o entendimento sobre o que deseja. Em outras palavras, uma triagem inicial.

O Direcionador é o agente responsável por abrir a jornada, tendo como papel principal acolher, fazer as perguntas certas e entender o básico sobre a intenção do cliente.

Ele entra em cena quando o cliente chega sem um contexto claro, como por exemplo a partir de uma campanha de mídia em redes sociais ou pelo botão no site que levou até o WhatsApp.

Neste momento, o Direcionador busca entender o motivo pelo qual o cliente decidiu abrir uma conversa para direcionar para contexto apropriado.

Um bom agente Direcionador parte do pressuposto que nem sempre o cliente chega com o mesmo intuito, logo o objetivo inicial é entender e ser um facilitador para que o cliente seja encaminhado para a etapa seguinte do atendimento, onde terá sua demanda atendida.

Normalmente a primeira mensagem segue um padrão do tipo: *"Em que posso ajudar? Você está buscando um produto, quer ajuda com um pedido ou precisa falar com nosso time comercial?"*. Para facilitar ainda mais, apresenta um menu de opções para o cliente escolher.

A partir da escolha do cliente, direciona para um novo fluxo de automação ou para um atendente humano, se for o caso.

Normalmente esse agente é altamente automatizado, baseado em fluxos de decisão pré-configurados ou reconhecimento básico de palavras-chave. Muitos agentes Direcionadores são baseados em regras, como os menus interativos, o que garante rapidez e assertividade na triagem inicial.

Hoje, com IA conversacional, alguns também entendem linguagem natural para identificar o interesse do cliente em uma frase e já tomar a próxima ação.

Seu escopo tende a ser bem enxuto e objetivo, já que ele serve principalmente para triagem e encaminhamento. Caso a solicitação do usuário fuja das opções previstas, o *chatbot* direciona para um humano ou para um agente especializado, sem tentar resolver tudo sozinho.

Em suma, é o agente que atua no primeiro contato do cliente, garantindo que o cliente seja atendido rapidamente e não fique perdido buscando informações. Ele abre as portas e prepara o terreno para que os demais agentes (informativo, comercial, resolutivo, etc.) desempenhem seus papéis com o cliente já segmentado na necessidade correta.

Automatizar esse primeiro contato economiza tempo do time e melhora a elimina a fricção das conversas subsequentes.

2. Informativo: o agente que resolve dúvidas e orienta o cliente

O agente Informativo tem como finalidade principal fornecer informações e esclarecer dúvidas de forma instantânea.

Ele funciona como um guia inteligente de perguntas frequentes (FAQ), sendo alimentado por uma base de conhecimento própria, cujo papel é estar disponível para responder às perguntas mais comuns dos clientes.

Diferentemente do Direcionador, que apenas encaminha, o informativo realmente entrega conteúdo útil, muitas vezes enriquecido com *links*, vídeos, PDFs ou imagens, seja sobre produtos, políticas da loja, dúvidas sobre pagamentos, entre outros.

Este agente assume o papel daquela pessoa mais experiente do time ou do manual de instruções da empresa, trazendo de forma ágil as respostas que o cliente procura, a qualquer hora.

Encaixa-se muito bem em contextos de instruções, suporte ao cliente ou etapas burocráticas no processo de compra, como no caso de perguntas como *"Quais os meios de pagamento aceitos?"*, *"Qual o prazo de entrega para meu CEP?"* ou *"Como funciona a política de troca?"*

É bastante recomendado o uso de IA para esses agentes, para que possam entender perguntas formuladas de maneiras diferentes, graças a NLP (Processamento de Linguagem Natural), recorrendo a uma base de conhecimento ou fazendo perguntas adicionais, antes de responder o cliente.

Outra recomendação é para o caso de dúvidas mais complexas ou muito específicas, onde é indicado que o *chatbot* transfira a conversa para um humano, garantindo que o cliente seja atendido de forma apropriada, sem enrolação.

Isso evita frustrações comuns dos *chatbots* antigos, que ficavam presos quando não entendiam a pergunta.

O agente Informativo tende a ser altamente automatizado, principalmente hoje com avanços em inteligência artificial. Muitas implementações usam uma combinação de IA conversacional (para compreender as perguntas) e integração com bancos de dados ou documentos.

A automação aqui é essencial para oferecer respostas imediatas, 24h por dia. Normalmente, a IA é treinada com documentos internos, manuais de produto e históricos de atendimento para aumentar a precisão das respostas.

Em casos de perguntas muito fora do comum, o agente Informativo reconhece seus limites e então direciona a um humano. Embora ainda o atendimento humano esteja inserido nos fluxos, ao atingir um bom nível de automatização nas perguntas frequentes e processos padronizados, você consegue liberar os atendentes humanos para situações mais específicas, complexas e com maior nível de personalização.

É o tipo de agente que melhora a eficiência e eleva a satisfação com o atendimento, porque resolve rápido e está sempre à disposição.

3. Comercial: o agente que conversa e vende

Diferente dos dois anteriores, o agente Comercial é focado em conversão de vendas e oportunidades de negócio.

Esse agente tem como foco simular aquela abordagem consultiva do bom vendedor de loja.

Sua finalidade principal é atuar como um vendedor virtual, ajudando o cliente a encontrar o produto certo, oferecer recomendações e até mesmo gerar pedidos de forma autônoma.

O agente Comercial costuma combinar automação e personalização. Grande parte das interações pode ser automatizada, como, por exemplo, fazer recomendações básicas ou enviar promoções e campanhas.

Sendo um pouco mais avançado, com aplicação de IA, dá para analisar dados de navegação e histórico de compras e oferecer recomendações quase sob medida para cada cliente.

Embora seja possível automatizar ao máximo, muitas empresas ainda preferem adotar um modelo híbrido nesse ponto, onde o *chatbot* atende de forma automatizada inicialmente e, caso identifique uma oportunidade quente (um cliente com alta intenção de compra ou carrinho de alto valor), ele aciona um vendedor humano para dar aquele toque final personalizado.

Outra aplicação interessante é para tarefas repetitivas, como agendar uma reunião com o time de vendas, qualificar o nível de interesse e até fechar vendas simples.

Quando bem implementado, o agente Comercial torna a experiência de compra mais agradável e personalizada, elevando tanto as taxas de conversão quanto o *ticket* médio de vendas.

4. Resolutivo: o agente que cuida depois da compra

O agente Resolutivo é dedicado a atender o cliente após a realização da compra, garantindo que toda a experiência de pós-venda seja positiva.

Sua finalidade principal é resolver ou encaminhar rapidamente questões relacionadas a pedidos em andamento, ou já entregues ao cliente.

As situações mais comuns são rastreamento de entregas, devoluções, trocas e resolução de problemas com o produto ou pedido. Em outras palavras, esse agente apoia o trabalho do atendente do SAC tradicional no que tange à fase pós-venda, oferecendo ajuda 24h por dia, reduzindo a necessidade de o cliente esperar por suporte humano em casos simples.

Um caso típico é o rastreio de pedidos, onde o cliente informa um número de pedido e o *chatbot* imediatamente consulta o sistema de entrega, respondendo algo como *"Seu pedido #1234 está a caminho! O último status que tenho registro é: Saiu para entrega — 10h de hoje"*.

Outra aplicação altamente recomendada é em reclamações pós-venda, como o caso do produto ter chegado com defeito.

Neste caso, o *chatbot* de suporte pode reunir os detalhes do problema (por exemplo, pedindo uma descrição ou até um vídeo do defeito) e criar um *ticket* para o time responsável, priorizando casos urgentes.

Para esse agente, recomenda-se um alto grau de automação, pois muitas das tarefas pós-venda são repetitivas (devolução, por exemplo) e baseadas em dados disponíveis de forma estruturada, como é o caso do *status* de pedido.

Na prática, o agente Resolutivo cuida do cliente depois que ele *"sai da loja com a compra"*, por assim dizer. Se houver algum contratempo (atraso, produto errado, dúvida de uso), o *chatbot* resolve ou agiliza a solução.

Com integrações certas (ERP, sistemas logísticos, CRM, etc.), o *chatbot* pode consultar e atualizar dados em tempo real, executando ações que comumente um humano faz dezenas de vezes ao dia.

Como dica adicional, não negligencie a necessidade de escalar para humanos nos casos complexos ou mais delicados, como, por exemplo, um cliente muito insatisfeito com um problema não resolvido. Situações como estas devem ser encaminhadas a um atendente quanto antes.

Depois que a venda foi feita, garantir que o cliente tenha suporte rápido aumenta a chance de ele comprar novamente e falar bem da marca.

Isso fecha o ciclo da experiência com chave de ouro, pois mesmo que algo tenha dado errado, ser prestativo e resolver com agilidade gera uma boa impressão e prepara o terreno para uma próxima compra.

Como combinar os quatro agentes?

Os melhores resultados surgem quando os quatro agentes trabalham de forma orquestrada.

Você não precisa ativar os quatro de uma vez. Pode começar com o Direcionador e o Informativo, que já resolvem boa parte dos fluxos. Depois, incluir o Comercial para conversões mais rápidas. E, por fim, acionar o Resolutivo para tratar as ocorrências mais comuns da fase pós-venda.

Mais do que tecnologia, o primeiro passo é pensar na estratégia. É preciso mapear intenções, desenhar bons fluxos, treinar a equipe e revisar constantemente os dados.

Posso afirmar para você com toda certeza que o resultado vale o esforço e cria uma operação mais leve, mais eficaz e com uma experiência de atendimento que vira diferencial competitivo.

O que automatizar e o que deixar com humanos?

Agora que entendemos os quatro tipos de agentes mais aplicados no Chat Commerce, surge uma questão bem estratégica: o que exatamente devemos automatizar, e o que deve continuar com humanos?

Antes de qualquer decisão, sempre gosto de reforçar que automatizar não é excluir pessoas.

Pelo contrário, é permitir que elas atuem onde realmente fazem a diferença.

A tecnologia entra para atacar o volume, padronizar tarefas repetitivas e garantir agilidade. O humano entra para lidar com o que exige um toque mais personalizado, escuta ativa e maior nível de complexidade.

A lógica é simples, *chatbots* são ótimos com padrões.

Automatize o que é frequente, objetivo e padronizado. Deixe com os humanos o restante.

Essa combinação dá origem ao que eu chamo de atendimento híbrido, um modelo em que a automação cuida do básico com eficiência, enquanto o time entra em cena quando a situação exige mais cuidado ou profundidade.

O que vale automatizar:

- Recepção e qualificação inicial.
- Filtragem de solicitações e distribuição de fluxos.
- Dúvidas frequentes de pré-vendas.

- Orientações sobre prazos, formas de pagamento, regras de trocas.
- Perguntas sobre políticas da empresa.
- Rastreamento de pedidos e *status* de entrega.
- Execução de tarefas simples com roteiros fixos.
- Mensagens de reengajamento ou campanhas.

Esses são pontos de alto volume, baixa complexidade e alto custo se tratados manualmente. Aqui, a automação não só é possível, como é desejável.

O que deve seguir com humanos:

- Clientes frustrados ou emocionalmente impactados.
- Situações sensíveis como atrasos, falhas logísticas, problemas recorrentes.
- Problemas complexos ou fora do padrão.
- Reclamações que demandam escuta ativa e linguagem empática.
- Vendas de maior valor ou com múltiplas objeções.
- Casos que exigem negociação personalizada ou criatividade.
- Clientes estratégicos e de alto valor.
- Conversas que envolvam múltiplas áreas da empresa.

Aqui, a IA pode até ajudar no contexto, mas a condução precisa ser humana, pois nesses momentos, o que o cliente espera não é agilidade, é atenção e resolução ágil das suas demandas.

Como implementar tecnologia sem perder a essência

A primeira etapa é estruturar uma camada de automação para tarefas repetitivas. Use *chatbots* para responder perguntas frequentes, consultar *status* de pedidos, iniciar trocas simples ou executar tarefas com fluxo padronizado.

Esse primeiro passo representa, na maioria dos negócios, mais de 60% das interações.

Depois, crie um fluxo de atendimento inteligente, considerando a transição para o humano de forma simples e rápida. Configure gatilhos com base em palavras-chave, percepção do sentimento do cliente ou casos de demora na resolução.

A seguir, trago algumas recomendações práticas para implementar ou aprimorar a camada tecnológica da sua operação de atendimento com foco em conversão:

- **Evite múltiplas plataformas desconectadas.** Quanto mais descentralizado for o atendimento, maior o ruído. Centralize canais e dados em um sistema único, com histórico e integrações.

- **Desenhe um fluxo da jornada do cliente.** Comece mapeando os pontos críticos e vá identificando os caminhos mais comuns. Quais perguntas surgem com mais frequência? Quais etapas geram mais abandono? Use esses dados para desenhar automações que resolvam, e não apenas joguem o cliente de um lado para outro (cuidado com isso).

- **Implemente IA com supervisão humana.** Use IA para acelerar e refinar, mas mantenha revisões periódicas, liberdade para ajustes manuais e um processo claro para lidar com exceções.

- **Treine a equipe para trabalhar com tecnologia.** O papel do atendente mudou, isso é fato. Hoje, ele é um operador de relacionamento, mas também tem um papel de treinar a IA e alimentar bases de conhecimento com informações importantes. Precisa saber como ajustar, quando intervir e o que observar.

- **Defina metas combinadas de eficiência.** Não basta reduzir o tempo de atendimento, é preciso manter a satisfação. Uma vez dominadas as principais métricas, crie metas e objetivos (ex: *"responder em até 1 minuto e manter satisfação acima de 85%"*).

O modelo que eu proponho é evolutivo, a cada nova etapa, você coleta dados, ajusta rotas e evolui a operação, mas o mais importante é que você melhora a experiência do cliente a cada novo passo dado.

Se você ainda não usa IA no atendimento, teste o modelo híbrido em etapas:

1. Mapeie as perguntas mais comuns, sabendo que questões relacionadas ao rastreamento de pedidos, trocas/devoluções e perguntas frequentes são bons pontos de partida.

2. Automatize essas conversas com *chatbots* simples.

3. Defina critérios claros para intervenção humana.

4. Monitore os impactos semana a semana e ajuste com base no que você extrai ao acompanhar o histórico de atendimentos.

Para pensar e agir

O "T" de Tecnologia talvez seja o mais silencioso dos quatro pilares do método CHAT. Mas sem ele, os outros três não se sustentam. Pode ter contexto, empatia e bons gatilhos, mas se a operação for desorganizada, lenta ou desconectada, não vai levar a lugar nenhum, a conversa não vira venda.

Alguns pontos para você refletir na sua operação atual:

- Sua equipe responde com base em dados ou no improviso?

- Os sistemas estão integrados ou os atendentes viram *"copiadores e coladores"*?

- As conversas geram dados úteis para melhorar os processos?

- O tempo médio de resposta está caindo ou crescendo?

- Você sabe, com clareza, qual tecnologia ajuda e qual atrapalha?

Lembre-se: a tecnologia ideal é aquela que não aparece, mas faz tudo funcionar melhor. Ela não deve ser percebida pelo cliente como um obstáculo, mas como uma experiência útil e natural.

O cliente nem precisa saber o que está por trás da resposta, ele só precisa sentir que a resposta veio do jeito certo, na hora certa.

Há quem diga que a tecnologia tira o lado humano do atendimento.

Discordo totalmente. Na prática, a tecnologia libera o humano para fazer o que ele faz de melhor: interpretar casos onde há necessidade de empatia, criar vínculo, tomar decisões. A tecnologia está aqui para acelerar as etapas mecânicas e potencializar o toque humano, essencial no processo.

Faça acontecer com o método CHAT

Com este capítulo, encerramos o desdobramento do método CHAT, estruturado em quatro pilares complementares:

- **C** de Contexto, para entender de onde vem o cliente e onde ele está na jornada.

- **H** de Humanização, para responder com empatia, tom certo e linguagem próxima.

- **A** de Ativação, para conduzir o cliente com clareza para o próximo passo.

- **T** de Tecnologia, para sustentar e escalar tudo isso com eficiência.

Esses pilares não são teoria, são uma forma prática de estruturar o atendimento para que vire canal de receita. São uma forma de pensar a conversa como ferramenta comercial, sem abrir mão da experiência. São um convite para que o atendimento deixe de ser um centro de custo e passe a ser um motor de vendas.

A seguir, vamos ampliar nossa visão, conectando o método CHAT à jornada do varejo digital como um todo, entendendo os principais canais e dando uma passada nas mudanças que estão em curso e aquelas que ainda estão por vir.

13

Ecossistema de canais

Às seis da tarde, o ônibus lotado avança em câmera lenta pelas marginais de São Paulo. Se parar um instante para observar, ninguém lê jornal e poucos conversam entre si.

Quase todos deslizam o dedo de baixo para cima nas suas telas.

A minha aposta é que uma parcela enorme dessas pessoas está no WhatsApp, ou então consumindo conteúdo no Instagram, ou vídeos de trinta segundos no TikTok (alguns sugerindo produtos).

Uns tantos estão pesquisando produtos no Mercado Livre, Shopee, Shein, Amazon e onde mais você puder imaginar. O Google tem perdido espaço para os *marketplaces* como canal para busca de produtos.

E mais, considere que cada uma dessas interações citadas pode ser um gatilho para despertar o interesse de compra.

Não há mais um funil em linha reta entre ver um anúncio, analisar o produto e ir para o *checkout*. Existe uma mistura de micro-momentos em que a decisão de compra nasce, amadurece e se concretiza num piscar de olhos.

Este cenário virou sinônimo de Chat Commerce no Brasil.

Para explorá-lo, não basta apenas exibir seu produto, é preciso estar aberto para estabelecer conversas que gerem vendas, com o desafio de estar presente em ambientes digitais que possuem suas particularidades.

Neste capítulo, quero destrinchar os três canais mais pulsantes: WhatsApp, *marketplaces* e redes sociais, mostrando como o método CHAT se manifesta em cada um deles.

WhatsApp: nas mãos de (quase) todos os brasileiros

Em janeiro de 2025, o Brasil contava com 183 milhões de pessoas com acesso à internet (86% da população) e 144 milhões de perfis ativos em redes sociais. (DataReportal, 2025)

Os números impressionam, mas o WhatsApp se destaca ainda mais. São 148 milhões de brasileiros que usam o app todos os meses, o que representa 98% de quem possui smartphone. Não há outro canal com amplitude semelhante e tão pessoal. (World Population Review, 2025)

Ali movimentam-se grupos da família, do futebol, da escola, do trabalho. Mas cuidado, invadir esse espaço com o seu catálogo de produto seria tão deselegante, ineficiente e muito mal recebido.

Quando eu apresentei o pilar "C" de Contexto no método CHAT, procurei deixar claro que precisamos nos moldar para cada tipo de canal. O usuário já filtra marcas que entopem os pontos de contato com peças gráficas berrantes ou se limitam a copiar e colar respostas genéricas.

Um estudo feito pela Mobile Time/Opinion Box em 2025 constatou que 79% dos consumidores utilizam o WhatsApp para se comunicar com as empresas, sendo que 63% fazem com o intuito de comprar produtos ou serviços e 80% para tirar dúvidas ou pedir informações.

Outro dado interessante, cerca de 90% dos usuários já foram atendidos por robôs no WhatsApp e apontam um nível mediano de satisfação, atribuindo a nota 3,2 numa escala de 1 a 5.

Conectando esses dados com o papel central do pilar "H" do método CHAT, percebemos a importância de humanizar as interações. Como foi explanado anteriormente, isso não significa fazer o atendimento 100% através de humanos, muito menos limitar-se a apenas saber o nome do cliente.

É imprescindível deixar claro que há gente de verdade por trás do cuidado com o relacionamento com os clientes, seja lendo suas mensagens, calibrando as ferramentas e a IA ou agindo de fato para solucionar as demandas dos clientes.

Algumas dicas práticas e simples para aplicar de imediato:

- Busque referências às compras anteriores e procure contextualizar o atendimento, usando essas informações para ofertar melhores produtos e serviços aos clientes.

- Áudio curto, quando a explicação demanda um cuidado a mais na explicação, sabendo que voz transmite autoridade e empatia, onde o texto não consegue muitas vezes ser recebido com a mesma interpretação.

- Figurinhas proprietárias, desenhadas no estilo da marca, reforçam personalidade sem cair na infantilização.

O WhatsApp evoluiu de uma ferramenta de conversas para se tornar um ponto de venda completo. Catálogo, botão de pagamento nativo e listas interativas reduzem cliques até o PIX. Quanto mais integrado com as ferramentas de gestão, o vendedor garante estoque em tempo real e evita frustrações na hora de vender.

Quer um exemplo da vida real? Imagine um e-commerce de suplementos alimentares, onde a estratégia de recuperação de carrinhos abandonados está pautada em enviar e-mails automáticos 30 minutos após perceber que o cliente deixou um carrinho com itens. A taxa de recuperação normalmente gira abaixo dos 10%.

Se partirmos para o uso do WhatsApp, enviando mensagem 15 minutos após a desistência, escrita com contexto (citando o produto no carrinho), humanizando com algo pessoal (mencionando que você treina todas as manhãs) e ativação (oferecendo um cupom 10% válido por 60 minutos + *link* para pagamento), dada nossa experiência na Loopia, há grande chance das conversões saltarem para cima dos 20%, já nas primeiras semanas.

De forma simples, você pode notar o uso do Contexto, Humanização, Ativação e Tecnologia, pilares essenciais do método CHAT, apresentado em detalhes anteriormente.

Marketplaces: os shoppings digitais

Mercado Livre é sinônimo de *marketplace* no Brasil. Líder há anos, anunciou investimentos recordes nos últimos anos para logística, tecnologia e serviços financeiros. Ainda assim, o tabuleiro está em constante mudança, principalmente com *players* asiáticos dando as caras por aqui.

Mesmo relevante, o Mercado Livre não está sozinho. A novata Temu saltou, na época em que este livro está sendo escrito, para 2ª posição em usuários ativos, superando o Mercado

Livre em visitas web e trazendo 39 milhões de usuários locais. (E-Commerce Brasil, 2025)

Já a Shopee domina em volume quando falamos do perfil de compra de *ticket* baixo. A Amazon aposta na confiança e nos diferenciais do Prime e tem anunciado bons volumes de novos investimentos no país. Magalu aposta cada vez mais na junção de forças da sua rede de lojas físicas com os *marketplaces* do grupo, como o Kabum, e a Netshoes, por exemplo.

Por fim, vale citar a importância dos *marketplaces* mais nichados como MadeiraMadeira (casa e construção), Beleza na Web (cosméticos e beleza), Shein (moda rápida), que tem apostado numa estratégia de verticalização e profundidade em vez de amplitude.

O pilar "A" de Ativação tem uma aplicação ultra estratégica nos *marketplaces*, pois todos esses ambientes aplicam algoritmos proprietários para diferenciar os vendedores mais confiáveis daqueles que podem gerar uma experiência frustrada para o consumidor.

Quando olhamos a fundo os algoritmos de reputação dos *marketplaces*, observamos que resposta rápida vale ouro. Nos bastidores, cada plataforma mede tempo de resposta, relevância da mensagem e satisfação pós-venda.

Responder com agilidade no *chat* interno dos *marketplaces* eleva as chances de conversão. Ao estudar a base de dados da Loopia, constatamos que mais de 70% dos atendimentos se converteram em pedidos quando o cliente foi respondido em menos de 5 minutos.

Adicionalmente, outros fatores como reclamações, erros e atrasos nos pedidos e cancelamentos derrubam a relevância dos vendedores e consequentemente dos produtos anunciados. Em suma, o vendedor deve tratar aquele campo *"Pergunte ao vendedor"* como canal de conversão, não apenas como SAC, indo além de atender apenas para cumprir tabela.

Um caso muito interessante que acompanhei de perto, de um vendedor de artigos de vestuário para motociclistas que sofria com taxas de devolução acima de 15%, por questões ligadas à sua grade de tamanhos. Ao implantar uma automação que dispara uma pergunta buscando saber a altura e o peso do consumidor, a fim de validar se o tamanho escolhido é compatível com o porte físico do cliente, as devoluções caíram para menos 4%. Muitos casos de escolhas incompatíveis são tratados antes mesmo do pedido ser enviado.

O algoritmo do *marketplace* recompensa o vendedor que tem baixa taxa de cancelamentos e devoluções com um melhor índice de reputação, além dos ganhos diretos com a redução da taxa de cancelamentos.

A logística é outro ponto que deve ser tratado como um diferencial estratégico. Entregar em até 48h já não é vantagem, tornou-se diferencial. O *fulfillment* subiu a régua de expectativa do consumidor. Portanto, se sua loja utiliza serviços como o Full, do Mercado Livre, ou FBA, da Amazon, evidencie isso nos anúncios e nas conversas com os clientes.

Ao informar o cliente sobre o andamento do processamento dos pedidos, evolução das entregas, fornecer previsões assertivas sobre a chegada do produto, você reduz a ansiedade e melhora a experiência de compra.

Pense nos *marketplaces* como grandes *shopping centers*. Você precisa pagar um *"aluguel"* para estar lá, uma vez que essas plataformas cobram uma comissão pelas vendas, mas você usufrui do tráfego qualificado para seus produtos.

Use o canal estrategicamente:

- Como laboratório para testar demanda por certos tipos de produtos.
- Para testar novos produtos sem custo de mídia.
- Captando clientes que depois migram a canais próprios (WhatsApp, site) ao trabalhar estratégias de fidelização.

É fortemente recomendado considerar a presença nos *marketplaces*, mas vale deixar apenas um ponto de atenção: o segredo é não ficar refém. Portanto, tenha em mente a estratégia de construção de base própria em paralelo para fidelizar clientes em canais onde sua margem é melhor.

Redes sociais e Live Commerce: o entretenimento que vende

Compras iniciando a partir da interação dentro das redes sociais é o que temos notado, cada dia com mais força. O Instagram alcançou 66% da população, o equivalente a 141 milhões de pessoas, e o TikTok ultrapassou 91 milhões de usuários no Brasil em 2025. (DataReportal, 2025)

A linha entre conteúdo de entretenimento e a decisão de compra já não é mais tão nítida assim. Os vídeos curtos viraram ferramenta para exibir o seu catálogo de produtos de forma leve e com mais relevância.

Junte a isso a possibilidade de estabelecer diálogos via *chat* com o público e você vai transformar seus perfis nas redes sociais em novos canais de vendas.

Uma novidade quente no Brasil é o TikTok Shop, lançado oficialmente em maio de 2025, trazendo grandes expectativas de deslanchar com o público brasileiro, se seguir o que já faz nos EUA, por exemplo. Estima-se que adicione dezenas de bilhões de reais em vendas ao e-commerce brasileiro já nos primeiros anos.

O que há de diferente no TikTok Shop?

O algoritmo de descoberta (que é um grande diferencial da plataforma) combina desejo de compra com conteúdos que casam com o perfil de cada usuário, de forma individualizada.

Um prato cheio para a compra impulsiva, somado ao fato de que você compra dentro do app, sem fricção.

É aí que entra o ponto sobre o pilar "H" de Humanização do método CHAT. Vender em rede social demanda ajuste de estilo de comunicação ao se relacionar com seu público. A marca aparece de forma sutil, enquanto o usuário busca entretenimento e conteúdo, não propaganda.

É preciso estabelecer diretrizes claras sobre os limites para fazer uso da informalidade, embora a expectativa do público é que as marcas sejam mais autênticas possível.

A régua é alta, dando espaço para compartilhamento de situações dos bastidores, memes, vídeos mais artesanais (sem aquele polimento exagerado), tudo para soar mais próximo e criar autenticidade.

A loja que conversa mostra-se acessível, vulnerável, interage de forma pessoal, responde comentários, admite erros, sem ficar na defensiva.

Aposte no uso do pilar "H" de forma estratégica para conquistar resultados, amplificando o alcance orgânico e conectando-se de forma mais forte com clientes, fidelizando a sua base de seguidores.

Basta olhar para o que marcas nativas digitais de cosméticos têm feito para termos um bom caso prático da humanização. As *lives* têm sido comuns, com horário marcado, focadas em lançamentos ou ações promocionais.

Quem apresenta, muitas vezes, são as pessoas por trás das marcas, ou micro influenciadoras, que testam cores ao vivo e falam do produto como se fossem amigas íntimas. Na tela surge um cupom com limite de X unidades, enquanto ela segue explorando características do produto.

O resultado, normalmente, é estoque zerado em poucos minutos e um retorno do investimento na casa de dois dígitos, sem falar que tudo isso gera uma baita repercussão em portais e canais do segmento.

Uma ação como essa demanda um trabalho considerável e envolve um bom número de pessoas, com certeza. Mas se o resultado vem, porque não investir? Pense que você pode escalar sem perder o toque pessoal.

Utilize *chatbots* com fluxos automatizados para fazer o atendimento inicial, responder dúvidas mais frequentes (entrega, troca, cores, modelos, etc.) e reduza a carga sobre o seu time, que pode focar em questões onde há necessidade de um toque mais customizado.

Quando o *bot* detecta intenção de compra, ele pode transferir para um vendedor garantir que tudo ocorra bem até o fechamento do pedido. Mais importante do que o fato de estar falando com um *bot* ou com um humano, o que o consumidor mais valoriza é que a experiência aconteça do início ao fim, com o mínimo de fricção.

Não é um ou outro, considere todos

Os três canais citados não concorrem, eles se completam. O WhatsApp aparece como um canal mais acessível e com maior liberdade, os *marketplaces* oferecem tráfego e acesso a um mercado amplo, e as redes sociais criam desejo, posicionam a marca e geram conexão mais profunda.

Cabe aqui um reforço sobre a aplicação do método CHAT na hora de planejar sua estratégia de Chat Commerce:

1. **Contexto:** onde o seu público já está, mesmo que você ainda não esteja lá?

2. **Humanização:** qual o tom e estilo de relacionamento você quer aplicar em cada canal?

3. **Ativação:** defina o formato para que você seja capaz de gerar vendas a partir das conversas e interações. Aqui, o treinamento do time é peça-chave.

4. **Tecnologia:** ferramentas para que você consiga fazer tudo com escalabilidade e eficiência.

Para pensar e agir

Agora que você chegou até aqui, é hora de planejar de forma simples como você dará o primeiro passo para estabelecer de uma vez por todas a sua estratégia de Chat Commerce.

Para ajudar você no seu planejamento, utilize as perguntas a seguir para fazer um diagnóstico sobre o seu momento e sair com um plano de ação inicial.

1. Liste os três canais com maior volume de contatos e perguntas pré-compra.

2. Meça seu tempo de primeira resposta em cada um e defina metas agressivas, mas factíveis (ex: WhatsApp até 5 min, *marketplace* até 10 min, redes sociais até 20 min).

3. Escolha um experimento nas próximas quatro semanas. Algumas sugestões: *chatbot* ativo 24h com um fluxo automatizado e a capacidade de tirar dúvidas, respostas rápidas com apelo comercial para as perguntas pré-compra nos *marketplaces,* e/ou realizar pelo menos uma *live commerce* com cupom.

4. Contabilize os dados das interações, métricas das conversas e taxas de conversão.

5. Pesquise ferramentas para garantir que os novos processos consigam ser mantidos e que sejam realizados com assertividade e eficiência. Você vai precisar de tecnologia para conseguir bons resultados no Chat Commerce.

6. Agende uma revisão do mix de canais a cada 180 dias, os algoritmos das plataformas mudam constantemente e o mercado não para de surpreender.

14

Como treinar times para o Chat Commerce

COLOCAR UM BOTÃO DE *chat* no site é simples. Ativar o WhatsApp Business, mais simples ainda. Engana-se quem pensa que isso é o suficiente para afirmar que está "vendendo via *chat*".

Mas, como vimos até aqui, Chat Commerce não se resume a ter um canal habilitado, pois ele exige método, e método exige preparo.

Nos últimos tempos, acompanhei de perto dezenas de operações no varejo digital que buscavam vender mais por canais de conversa. Algumas acertaram logo de início, outras patinaram por meses e, em quase todas, um ponto determinava a diferença entre tentativa e tração: a qualidade do time à frente da execução.

Treinar uma equipe para atender é uma coisa, treinar para vender pelo *chat* é outra.

Quando o atendimento se torna canal de conversão, o papel do atendente muda, dado que ele deixa de ser apenas um solucionador de dúvidas e passa a ser, de fato, um vendedor invisível.

É por isso que, neste capítulo, vamos mergulhar em como preparar times para o Chat Commerce de forma prática, humana e alinhada ao método CHAT. Vamos falar de habilidades, rotinas, formação e mentalidade, sem promessas mágicas, mas com base naquilo que funcionou na vida real.

A base de tudo: a mentalidade do novo vendedor

Antes de ensinar técnicas ou *scripts*, é preciso alinhar o pensamento. O maior erro que vejo nas empresas que tentam estruturar vendas por *chat* é manter o time com cabeça de suporte e esperar comportamento de vendas.

A pessoa que trabalha no *chat* precisa entender que, a cada conversa, há uma chance real de gerar receita. Ela não está ali apenas para ser simpática ou esclarecer dúvidas. Está ali para conduzir o cliente até uma decisão de compra, o que chamamos aqui de ativação.

Isso não significa ser insistente, significa estar com o foco alinhado. Significa saber interpretar o contexto, fazer boas perguntas, identificar o momento da jornada e agir com naturalidade para facilitar a escolha do cliente.

Na prática, o novo vendedor precisa reunir três grandes atributos:

1. Empatia: escuta ativa, sensível ao que o cliente está dizendo, e um olhar espontâneo para aquilo que ele não está dizendo. As atitudes comunicam muito neste contexto.

2. Raciocínio comercial: entender o que vender, como sugerir e o que priorizar de acordo com o perfil de cada cliente.

3. Clareza de comunicação: escrever de forma simples, com foco e linguagem clara, sem parecer automático nem robótico.

Essas habilidades não são naturais para todas as pessoas, mas elas se desenvolvem. E o caminho para isso começa com um programa de capacitação que leve em conta mais do que produto e sistema.

O que não pode faltar em um bom treinamento

Independente do tamanho do time ou do canal principal de atendimento, existem quatro blocos fundamentais para treinar uma equipe de Chat Commerce com foco em resultado. São eles:

1. Cultura, valores e propósito da empresa

Treinar para vender não começa falando de produto. Um atendente que entende o valor do que está vendendo e sente orgulho da empresa transforma a conversa em algo mais natural, gera boas experiências e uma conexão melhor entre as partes.

Por isso, antes de tudo, é preciso contextualizar o time: qual é a missão da empresa? O que queremos que o cliente enxergue em nós? Por que vale a pena comprar de nós?

Empresas que compartilham essas respostas formam equipes mais engajadas e consistentes. E esse alinhamento aparece na escrita, no atendimento e na forma como cada cliente é tratado.

2. Produto, oferta e argumentos

Agora sim entramos na parte técnica e essencial, pois todo vendedor precisa conhecer profundamente o que vende.

Mas o foco do Chat Commerce não é saber decorar ficha técnica, mas saber responder o que o cliente realmente quer saber. Serve para mim? Vai funcionar como eu espero? Tem diferença desse modelo para aquele?

O treinamento de produto deve incluir:

- Demonstrações práticas, com vídeos, tutoriais, amostras físicas (se for o caso).

- Dúvidas reais já recebidas por clientes, como base de conhecimento para encontrar respostas ideais para os casos mais frequentes.

- Argumentos comparativos com a concorrência, cuidando para não denegrir, apenas enaltecendo seus diferenciais.

- Recomendações de combinação de itens, com olhar para as oportunidades de *cross-sell* e *up-sell*.

Quanto mais domínio o time tiver, mais seguro ele se sentirá. E segurança, no atendimento, transmite confiança para o cliente.

3. Técnica conversacional

Aqui está o coração do atendimento que consegue se estruturar como canal de vendas. Técnicas conversacionais precisam ser treinadas. Não basta dizer *"seja simpático"* ou *"responda rápido"* e esperar que os resultados cheguem.

É preciso ensinar:

- Como iniciar uma conversa com leveza e gerar conexão com o cliente *(rapport)*.
- Como interpretar sinais de desejo de compra.
- Como usar perguntas abertas para identificar o perfil do cliente.
- Como adaptar o tom ao canal e ao tipo de consumidor.
- Como conduzir a conversa sem parecer mecânico.
- Como fechar uma venda com naturalidade, sem forçar, mas com apetite para capturar as oportunidades que surgirem.

Uma boa prática que aplicamos com frequência é a de simulações. Rodas de conversa, pares de atendimento fictício, *role plays* com diferentes perfis de cliente (o indeciso, o apressado, o técnico, o inseguro).

Esses exercícios geram *insights* preciosos. Mostram onde cada atendente precisa evoluir e como pequenas mudanças de frase podem melhorar muito a experiência.

4. Ferramentas, fluxos e processos

Por fim, a parte operacional. Vender por *chat* exige domínio das ferramentas, algo que varia do nível de sofisticação das ferramentas adotadas.

De forma geral, o time deve estar preparado para saber:

- Como usar atalhos, etiquetas, filtros.
- Como acessar o histórico do cliente em poucos cliques.
- Como gerar *links* de pagamento, estimar frete, acompanhar pedido.
- Quais são os fluxos padrão (resposta automática, transbordo, *follow-up*).
- Como priorizar atendimentos (fila por canal, por intenção, por urgência).

Evite treinar o time só com manuais. Particularmente, eu gosto da abordagem de ensinar fazendo, navegando com exemplos reais. O objetivo não é que saibam onde está cada botão, mas que dominem e usem as ferramentas para acelerar a venda e melhorar a experiência.

O papel do líder na formação do time

O treinamento não pode ser encarado como um evento isolado. É um processo contínuo, e nesse processo, o líder é figura central.

O gestor de uma operação de Chat Commerce precisa ser mais do que um supervisor, ele deve adotar uma postura de um mentor para o time.

Alguns dos papéis-chave do líder nesse contexto são:

- Promover momentos para *feedbacks* individuais com base em atendimentos reais.
- Identificar pontos fortes e fracos de cada atendente.
- Compartilhar boas conversas como modelo de referência.
- Estimular trocas entre os membros do time.
- Corrigir rotas com firmeza, mas com clareza e empatia.

Além disso, o líder precisa proteger o time da sobrecarga, garantir que os indicadores façam sentido e que a pressão por metas não elimine a qualidade do atendimento. Vender por *chat* exige ritmo, mas também exige cuidado.

O time sente quando está sendo bem conduzido.

Como medir evolução e garantir aprendizado contínuo

Além da dedicação para o treinamento, é preciso acompanhar. Esta é uma fase que nunca tem fim, e a melhor maneira de garantir que o aprendizado gerou efeito é olhando para os indicadores certos.

Algumas métricas ajudam a monitorar o desempenho individual e coletivo:

- Tempo médio de resposta, confrontando com uma meta realista, para cada canal.

- Taxa de conversas com envio de *link* de produto/carrinho/pagamento.

- Taxa de conversão por atendente.

- Volume de mensagens por atendimento, para entender eventuais desequilíbrios (tanto para mais quanto para menos).

- CSAT, um indicador que representa a nota de satisfação após o atendimento. Como dica extra, quero deixar uma recomendação de duas rotinas simples:

Todo esforço dedicado no acompanhamento gera seu retorno. A cultura de aprendizado contínuo é o que diferencia operações medianas das excepcionais.

Atenção às armadilhas comuns

Treinar times para o Chat Commerce não é uma das missões mais simples. Com o tempo, fui observando alguns desafios que costumam ser comuns nas operações.

Alguns erros e desafios comuns precisam ser tratados:

- Foco excessivo em velocidade: responder rápido é importante, mas qualidade sempre vem antes. Uma resposta genérica em 30 segundos vale menos do que uma resposta útil em 2 minutos.

- Script engessado demais: o cliente percebe quando a conversa é artificial. O *script* deve ser um guia, não uma bola de ferro presa nos pés do atendente.

- Falta de personalização no treinamento: cada pessoa aprende de um jeito. Avalie quem aprende melhor com vídeo, com prática, com leitura e adapte o formato.
- Treinamento uma vez só: o aprendizado não termina na integração, e você vai perceber que todo mês há algo novo a ser ensinado.
- Ignorar o canal: cada plataforma tem seu ritmo e sua linguagem. O que funciona no *chat* do site pode soar invasivo no WhatsApp, ou informal demais no *direct* do Instagram.

Por fim, é importante dar perspectiva ao time e mostrar que o atendimento por *chat* não é uma posição inferior na estrutura da empresa, e que pode ser uma grande porta de entrada para oportunidades de crescimento.

Pense em como construir um plano de carreira para que os profissionais que começaram respondendo mensagens, com o tempo, possam assumir a liderança de times, administrar os fluxos ou cuidar de contas estratégicas, por exemplo. O bom atendente de hoje pode ser o talento que você busca para uma oportunidade que vai surgir amanhã.

Se você quer mesmo transformar o *chat* num canal de receita, comece pelo time, e trate o treinamento como um ativo, não como um custo.

Uma operação de Chat Commerce que gera bons resultados só acontece quando há estrutura, reconhecimento e investimento em formação.

Para pensar e agir

Muitos varejistas estão mais preocupados com questões técnicas e ferramentas, como qual *chatbot* usar, qual CRM integrar, qual automação implantar, e deixam em segundo plano o cuidado com a preparação das pessoas.

Tudo o que citei acima importa, de fato. Mas nada disso substitui um bom atendimento feito por gente bem preparada.

Seu time está treinado para vender ou apenas para responder?

Para refletir:

- Seus atendentes sabem identificar sinais de interesse de compra?
- Você já simulou uma conversa com seu time para ver como respondem?
- Seus *feedbacks* olham apenas para tempo de resposta ou também para a qualidade da conversa?
- Existe espaço para troca entre o time, escuta ativa e evolução coletiva?

Se a resposta for *"não"* para algumas dessas perguntas, você tem aí o maior potencial de ganho na sua operação. O melhor é que isso não depende de grandes investimentos, basta querer e manter-se consistente com as rotinas.

Treinar times para o Chat Commerce é preparar gente para conversar com inteligência, com propósito e com leveza. Quem aprende a fazer isso bem, vende mais e constrói relacionamento de verdade.

15

Chat Commerce no B2B: particularidades e oportunidades

Por muito tempo, o universo do B2B (empresa vendendo para empresa) não estava no radar das transformações do varejo digital.

Dizia-se que ali não cabia automação e que as decisões envolviam muitos níveis, o que demandava relacionamento contínuo e costumavam levar dias, às vezes semanas.

Mas o tempo mudou, e as pessoas por trás das empresas também.

O cliente B2B de hoje é, na maior parte das vezes, o mesmo usuário que pede comida por aplicativo, resolve suas principais demandas pelo *chat* e faz compras pessoais no e-commerce.

É alguém que se acostumou a resolver a vida de forma rápida, digital e muitas vezes através de interações por mensagens. Alguém que também espera o mesmo nível de experiência e resposta no relacionamento profissional.

Neste capítulo, vamos explorar como o Chat Commerce também se aplica, e com muito potencial, em operações B2B.

Vamos entender o que muda, o que permanece e quais são os principais ganhos que essa abordagem pode trazer para equipes comerciais que vendem para empresas, representantes, distribuidores ou canais parceiros.

Mas, já antecipo: o relacionamento continua sendo essencial, só que a forma como esse relacionamento se expressa evoluiu.

B2B também quer conversar (e cada vez m ais)

No varejo B2C (vendas para consumidores), já está claro que a conversa virou ponto de venda. Mas no B2B, há um fator a mais, as vendas para empresas raramente acontecem sem alguns pontos de contato entre as partes.

Há dúvidas técnicas, negociações de volume, ajustes contratuais, alinhamento de prazos, faturamento e entrega. Mesmo com portais de autoatendimento e e-commerces B2B em crescimento, o processo ainda depende da boa e velha troca entre vendedor e comprador.

O que mudou é que esse relacionamento, que antes acontecia por telefone, e-mail ou visitas presenciais, agora migrou (e com força) para os canais de *chat*.

Segundo dados da McKinsey (2023), mais de 70% dos compradores B2B dizem preferir interações remotas ou digitais, mesmo em processos complexos. E o WhatsApp, junto de outros tipos de ferramentas de comunicação e *chats* integrados aos portais, virou parte cotidiana da jornada de compra entre empresas.

Isso abre um campo imenso para quem souber estruturar bem o atendimento via *chat* como um canal de venda e relacionamento.

Particularidades do B2B no Chat Commerce

Ainda que os fundamentos da conversa como motor de vendas se mantenham, o B2B traz especificidades que exigem uma abordagem adaptada. Abaixo, destaco os principais pontos que diferenciam o Chat Commerce B2B do B2C:

1. Ciclos de venda mais longos

No B2B, é comum que a venda aconteça em etapas: cotação, negociação, aprovação interna, pedido, faturamento. O *chat*, nesse caso, atua como canal de continuidade e acompanhamento, não apenas como ponto único de fechamento.

É comum que a conversa se estenda por dias, mesclando mensagens de confirmação, dúvidas pontuais, envio de documentos e propostas. Por isso, o histórico de conversa e o contexto são ainda mais importantes.

2. Relacionamento de longo prazo

No B2C, muitas vezes a venda é pontual, enquanto no B2B, o relacionamento é contínuo, pois o cliente quer sentir segurança para continuar comprando da mesma empresa pelos próximos meses ou anos.

Por isso, o *chat* no B2B precisa equilibrar a agilidade com a visão de relacionamento de longo prazo. Atender rápido é importante, mas também registrar tudo com clareza, dar previsibilidade, seguir com pós-venda proativo são fatores críticos para o sucesso.

Uma boa forma de estruturar o atendimento por *chat* no B2B pode seguir um racional similar ao da atuação de um gerente de contas, só que atendendo por mensagem, que combina agilidade, disponibilidade e agrega o fator confiança.

3. Complexidade técnica e condições específicas

Muitas operações B2B envolvem produtos com variáveis técnicas, customizações, regras de pagamento, tributação diferenciada por região, prazos estendidos e contratos personalizados.

Isso exige que o atendente no *chat* seja, de fato, alguém bem treinado. Ele deve conhecer o negócio, os produtos, o perfil dos principais clientes e saber navegar com facilidade entre sistemas (ERP, CRM, catálogo técnico, simulador de frete, etc.).

Aqui, mais do que em qualquer outro tipo de operação, o conhecimento técnico vira diferencial de vendas.

4. Vários decisores

No B2B, muitas decisões não dependem de uma pessoa só. Há o comprador, o financeiro, o gestor da área. Em muitos casos, mais de um interlocutor participa da conversa, seja por compartilhamento de mensagens, seja por inserção direta em grupos de WhatsApp ou canais de atendimento compartilhados.

Saber lidar com isso exige organização e clareza na comunicação, pontos que reduzem ruídos e aceleram a aprovação.

Onde o Chat Commerce se encaixa no ciclo de vendas B2B

Embora cada operação tenha suas particularidades, é possível identificar quatro momentos em que o Chat Commerce pode ser usado estrategicamente em vendas B2B:

1. Pré-venda (prospecção e qualificação)

O *chat* pode atuar como canal de entrada para novos leads B2B, seja via WhatsApp, seja em um botão no site do fornecedor, seja por mensagens via redes sociais.

A equipe precisa estar treinada para receber esse tipo de contato, saber filtrar os *leads* com potencial e iniciar a construção de relacionamento comercial. O tom deve ser direto, mas cordial. Não se trata de converter rápido, e sim de conduzir o *lead* com inteligência e sem obstáculos.

2. Negociação ativa

No B2B, a negociação raramente acontece num só contato. É comum que propostas sejam enviadas, recebam ajustes, passem por aprovações, retornem com dúvidas.

O *chat* é uma forma de manter esse processo ágil e acessível. Melhor do que dezenas de e-mails com arquivos anexos, o cliente prefere poder mandar uma mensagem e resolver tudo de forma rápida.

Esse canal direto economiza tempo, estreita vínculo e dá ritmo à venda.

3. Fechamento e acompanhamento do pedido

Aqui, o *chat* atua como ponte final. O atendente pode enviar o *link* para pagamento, confirmar dados fiscais e de faturamento, validar prazos, alinhar entrega. É o momento de consolidar a confiança.

Muitos vendedores negligenciam esse trecho, tratam como operacional. Mas o cliente B2B valoriza segurança e transparência. Um fechamento bem feito no *chat* cria a base para a próxima venda.

4. Pós-venda e recompra

O Chat Commerce no B2B não acaba quando a venda é feita. A recompra é um dos maiores trunfos do modelo B2B, e o *chat* ajuda a manter esse vínculo aquecido.

É possível usar mensagens de acompanhamento, lembretes, envio de novidades ou até promoções segmentadas. Esse trabalho, se bem feito, torna o *chat* não apenas um canal de vendas, mas de fidelização.

Desafios específicos e como superá-los

Apesar do potencial, o uso do *chat* no B2B também traz desafios que precisam ser enfrentados com estratégia:

- **Formalidade x agilidade:** Empresas B2B muitas vezes carregam uma cultura mais formal. Isso não impede a conversa leve, mas exige adequação no tom. O segredo está em equilibrar agilidade com profissionalismo: respostas claras, diretas, bem redigidas, mas com linguagem acessível.

- **Riscos jurídicos e fiscais:** Toda venda B2B envolve mais obrigações. Por isso, o *chat* precisa estar alinhado com os fluxos formais: emissão de nota, contrato, conferência de dados. O atendimento precisa saber até onde vai a conversa e quando transborda para o jurídico ou fiscal.

- **Limites da automação:** Muitos produtos B2B não permitem automação pura. Por isso, o uso de IA e *bots* deve ser feito com supervisão e cautela, servindo como apoio e não como substituto da conversa real. Fluxos híbridos, que automatizam o básico e escalam para o atendimento humano com contexto, são os mais eficazes.

Para pensar e agir

A pergunta que fica é simples: sua operação B2B está usando o *chat* apenas para tirar dúvidas, ou já entendeu que ali está um canal de venda em tempo real?

O Chat Commerce no B2B exige equipes treinadas para conversar com técnica e empatia, processos claros para eliminar pontos de atrito, agregar segurança, tecnologia que ajude, sem engessar, e mentalidade que valorize a fidelização e a recorrência.

A oportunidade está aí. Pense estrategicamente para encurtar o ciclo de vendas, aumentar a recompra, reduzir fricções e construir um relacionamento mais próximo, mesmo à distância.

Vender para empresas é, no fundo, vender para pessoas que tomam decisões em nome delas.

Como já foi dito, quem atende melhor, vende mais, também no B2B.

PARTE **4**

O QUE O FUTURO NOS RESERVA

16

Como equipes evoluem junto com a IA

A TECNOLOGIA PODE TRANSFORMAR processos. Mas são as pessoas que transformam as culturas nas empresas.

Esse é um princípio central para compreender qualquer movimento genuíno de transformação digital. Por mais avançado que seja o sistema ou sofisticada a automação, nenhuma mudança se sustenta no tempo sem uma mudança de mentalidade.

São os novos hábitos, valores e práticas das pessoas que determinam o sucesso, ou o fracasso, da aplicação de qualquer tecnologia no ambiente de trabalho, independente do porte da sua empresa.

Nos capítulos anteriores, vimos como o atendimento deixou de ser um setor periférico para se tornar um canal de vendas com impacto direto no faturamento. Falamos sobre escuta ativa, método estruturado, uso da IA e acompanhamento de métricas. Agora é hora de falar sobre quem torna tudo isso possível na prática: os times que lidam com o cliente todos os dias.

Este capítulo vai estimular você a olhar com atenção o lado humano da transformação digital. Porque, a cada nova tecnologia implementada, surge uma pergunta que talvez fique apenas nas conversas de corredor: *"O que vai acontecer com o time após implementar a IA?"*

Essa pergunta revela algo profundo, mas natural, que é o receio de ser substituído, a insegurança diante do novo, a dúvida sobre o papel dos humanos na era da inteligência artificial.

São questões legítimas e que não podem ser ignoradas. Se queremos construir operações mais eficientes e humanas, precisamos lidar com esses sentimentos com responsabilidade e clareza.

Na prática, o que tenho visto ao longo da minha jornada é que a IA, quando bem implementada, não reduz o valor das equipes. Ao contrário, ela amplia sua capacidade.

As rotinas mudam, as funções evoluem, e em muitos casos os profissionais ganham mais autonomia e descobrem novas frentes para serem protagonistas, desde que sejam preparados para isso.

O problema não é a IA em si, mas o despreparo para aproveitá-la de forma eficiente.

A frase já se tornou conhecida: a IA não vai substituir pessoas, mas vai substituir quem não sabe usá-la. No contexto do atendimento, isso tem se provado cada vez mais verdadeiro.

Substitui ou potencializa?

Antes de mais nada, é fundamental diferenciar dois movimentos: substituir e potencializar.

Substituir é usar a tecnologia para fazer exatamente o que o humano fazia, sem gerar um novo valor. Um exemplo clássico: um robô que apenas replica respostas genéricas, do mesmo jeito que um atendente pouco treinado faria. Não há avanço real aí, apenas uma troca da figura que executa.

Potencializar, por outro lado, é utilizar a tecnologia para assumir as tarefas operacionais, repetitivas e previsíveis, e liberar as pessoas para aquilo que só elas podem fazer bem: interpretar pontos mais sensíveis, agir sobre particularidades, adaptar mensagens, resolver conflitos com um toque de empatia, etc.

No contexto do atendimento, a IA pode assumir uma série de funções, como:

- Responder dúvidas recorrentes com velocidade e precisão.

- Realizar uma triagem prévia e direcionar conversas automaticamente com base no assunto, canal ou perfil do cliente.

- Sugerir respostas a partir do histórico de interações.

- Resumir conversas anteriores para facilitar quando um atendente assume um atendimento.

- Detectar padrões de comportamento e notificar pontos de atenção.

Essas funcionalidades reduzem o peso operacional das equipes, onde surge a verdadeira oportunidade de redefinir o papel do atendente, pautado em menos trabalho repetitivo e mais atuação estratégica.

O novo papel do atendente

Responder perguntas deixou de ser o centro do trabalho. O que se espera agora é que o profissional de atendimento entenda o contexto do cliente, identifique oportunidades comerciais, estabeleça conexão emocional e tome decisões com base em dados.

A IA redesenha o espaço do atendente, e quem compreende isso mais cedo, evolui junto com toda essa transformação.

O atendente que se destaca hoje não é mais aquele que decora *scripts* ou apenas responde rápido. É aquele que sabe interpretar o momento da jornada do cliente, adapta o tom da conversa, transforma dúvidas em oportunidades e trabalha em parceria com a tecnologia e IA, não lutando contra ela.

Esse novo perfil de profissional traz, em geral, três características principais:

1. **Curiosidade:** Está sempre testando novas abordagens, observando o que funciona melhor e sugerindo ajustes, combinando mentalidade de vendedor com habilidades de relacionamento.

2. **Autonomia:** Sabe seguir o fluxo quando necessário, mas percebe quando é hora de personalizar e fugir do padrão. Não depende de aprovação para cada decisão, sabendo atuar dentro dos limites e da lógica do negócio.

3. **Domínio das ferramentas:** Não precisa ser técnico, mas precisa se sentir confortável em usar múltiplas plataformas, interpretar indicadores simples e interagir em parceria forte com a IA.

Formar esse tipo de profissional exige mais do que um treinamento pontual, exige uma cultura bem trabalhada, exatamente o ponto em que muitas empresas ainda estão aprendendo a construir.

Como preparar equipes para evoluírem junto com a IA

A seguir, apresento caminhos práticos que tenho visto funcionar na formação de times preparados para atuar em um atendimento que vende e gera resultados, com o apoio da IA:

1. **Ensine flexibilidade:** Não fique preso a *scripts*, treine sua equipe para entender o que está por trás dos anseios do cliente. Use exemplos reais e simulações de conversa para desenvolver empatia e mentalidade comercial.

2. **Apresente a IA como ferramenta, não como ameaça:** Mostre como as automações ajudam a ganhar tempo e melhorar o serviço. Quando a IA é apresentada como apoio e não como substituto, o time se engaja.

3. **Estimule pequenas experimentações:** Deixe o time testar variações de abordagem e mensure os resultados juntos, celebrando os aprendizados, não apenas os acertos.

4. **Reforce a visão de dono:** Ajude o time a entender que não se trata apenas de atender bem, mas de gerar mais vendas e impactar no resultado final da empresa. Quando vender passa a ser o alvo do time, o nível de envolvimento sobe de patamar.

5. **Reconheça quem evolui:** Valorize quem domina os recursos da IA, quem melhora fluxos, quem transforma conversas em resultados. Isso fortalece a cultura desejada e gera efeito multiplicador.

O modelo antigo de atendimento se apoiava numa obediência quase militar aos *scripts*. Já o modelo mais atual se apoia na lógica por trás do atendimento com olhar para vendas.

Com a aplicação da IA, a régua sobe, passando a exigir mais pensamento crítico, que se constrói com prática, alinhamento constante e uma boa dose de autonomia e confiança.

Essa nova cultura não se impõe, se cultiva aos poucos.

Por isso, o papel da liderança na integração entre IA e equipes humanas é decisivo. A forma como a tecnologia é apresentada ao time faz toda a diferença.

Se o discurso for ameaçador, do tipo *"o robô vai fazer melhor que vocês"*, o time se fecha. Parece besteira, mas já vi isso acontecer.

Procure abordar de forma construtiva, apresentando benefícios, melhoria e eficiência. Lembre-se de que você precisa que o time abrace a IA como aliada.

As melhores equipes que acompanhei nesse processo foram envolvidas desde o início na implementação da IA, receberam *feedbacks* baseados em dados reais de impacto, não apenas em tempo de resposta, e tinham liberdade para contribuir durante todo o projeto.

17

Chat Commerce para times, marcas e líderes

Nos capítulos anteriores, focamos nas mudanças que acontecem dentro da operação. Agora, precisamos ampliar o olhar. O que muda quando o Chat Commerce deixa de ser uma função isolada e passa a representar uma estratégia de toda a empresa?

Porque, quando uma empresa compreende que os pontos de contato com o cliente podem, e devem, ser canais de vendas, não é apenas o atendimento que se transforma. A mudança atinge a mentalidade da liderança, a forma de organizar processos, a estrutura dos times e até a cultura da empresa.

O Chat Commerce não é apenas uma nova ferramenta ou um modismo temporário. É uma mudança de lógica na relação entre marcas e consumidores. Vimos no início do livro o quanto as novas gerações têm impactado a forma de consumir.

Neste capítulo, vamos explorar como equipes, empresas e lideranças precisam se reorganizar para esse novo cenário. Porque, se a conversa se tornou um ponto de venda, quem não souber estruturar esse canal vai perder muito mais do que atenção, vai perder receita.

Reorganizar é preciso

Durante muito tempo, o atendimento foi visto como um setor secundário, algo necessário para lidar com problemas e demandas pós-venda. Muitas vezes terceirizado, mal treinado e equipado de forma precária, ele ocupava uma posição de segundo plano na estrutura das empresas.

A digitalização do varejo começou a mudar esse panorama. Com o aumento das compras *online*, o atendimento passou a ter um papel também na pré-venda: tirando dúvidas, guiando escolhas e reforçando argumentos.

Mas foi com a ascensão dos canais de mensagem, como WhatsApp, *chats* nativos e redes sociais, que o jogo virou de verdade. A experimentação das compras *online* que muitos consumidores fizeram durante o período da pandemia de COVID também foi um fator que acelerou a digitalização do hábito de compra e de relacionamento com as marcas.

Hoje, boa parte dos clientes chega até a empresa através de canais de mensagem. Muitos já pesquisaram, já formaram opinião sobre a compra e estão no estágio final da jornada. Esperam um atendimento ágil, objetivo e com foco claro em ajudá-los a finalizar a compra.

O atendimento virou parte do comercial, e essa mudança exige mais do que treinamento técnico, exige uma nova mentalidade organizacional.

Chat Commerce é estratégia

Muitas empresas ainda tratam o Chat Commerce como uma espécie de tentativa, um teste no WhatsApp, um fluxo automatizado no Instagram, uma campanha com *chatbot*.

Este é um olhar bastante equivocado.

Chat Commerce, na prática, é a integração entre atendimento, *marketing* e vendas com apoio da tecnologia. É usar a conversa como meio estratégico de relacionamento e conversão. É construir uma jornada em que a marca escuta, responde e converte em vendas, de forma personalizada e escalável.

Tratar o Chat Commerce como um canal isolado é repetir o erro que muitas marcas cometeram no início dos anos 2000, ao enxergar o e-commerce apenas como mais um ponto de venda.

Aquelas que subestimaram o digital ficaram para trás. O mesmo está prestes a acontecer com quem não entender a força das conversas como novo motor de receita.

Quando os pontos de contato se tornam pontos de vendas, o time responsável por atender precisa estar conectado com os objetivos comerciais da empresa. Não faz mais sentido separar atendimento e vendas como se fossem mundos distintos.

As empresas mais maduras nesse processo já nem usam mais expressões como SAC ou central de atendimento, falam em time de vendas internas. Não se trata apenas de uma mudança de nome, é uma mudança de função, de foco e de objetivos.

Esses times passam a ser medidos por indicadores que refletem seu impacto direto nos resultados do negócio:

- Taxa de conversão por canal.
- *Ticket* médio por atendente.
- Índice de pedidos e propostas geradas.
- Índice de satisfação (CSAT, NPS, etc.).

Os indicadores precisam mudar, para que o comportamento do time também mude. Quando você consegue fazer com que o comportamento mude, os resultados acompanham.

O impacto para a marca e para a liderança

O Chat Commerce transforma a jornada de compra em algo menos linear e mais relacional. O consumidor não se limita a ver um anúncio, clicar e comprar. Ele interage, compara, volta, pergunta e espera ser bem recebido em todas as interações.

Nesse contexto, a marca precisa se preparar para sustentar esse relacionamento de forma consistente, em todos os canais. Não basta automatizar o primeiro contato, é necessário atuar de forma estratégica em todos os pontos de interação.

As marcas que se destacam nesse novo cenário adotam algumas práticas fundamentais:

- Mantém uma identidade verbal coerente em todos os canais.
- Conectam os times de conteúdo e atendimento, garantindo sincronia entre o que é dito e o que é respondido.

- Criam campanhas com chamadas para que o cliente inicie uma conversa, não apenas o velho formato *"clique e compre"*.
- Desenvolvem réguas de relacionamento personalizadas nos canais de mensagem.

O que antes era comunicação voltada à exposição de marca se transforma em construção de conexão mais forte, algo que, no contexto atual, torna-se vantagem competitiva.

Entre todos os papéis que precisam se adaptar ao Chat Commerce, talvez nenhum sofra uma mudança tão profunda quanto a liderança.

Líderes acostumados a operar com base em comando e controle encontram dificuldade para navegar no ambiente dinâmico das interações digitais. Nesse novo cenário, a liderança precisa ser capaz de conectar tecnologia, processos e pessoas com harmonia.

Líderes preparados para o Chat Commerce apresentam uma combinação específica de competências, muitas delas desenvolvidas ao longo da jornada. Entendem de produto, mas também de comportamento e sabem interpretar dados, sem perder a percepção do que se passa com o cliente.

Não cobram apenas eficiência, mas formam times com foco comercial, agilidade e toque humano. Entendem que o atendimento é uma plataforma viva de aprendizado sobre o cliente e, portanto, uma fonte estratégica de leitura sobre o que está acontecendo no mercado, algo que pode contribuir muito para retroalimentar outras áreas do negócio.

Nas empresas mais atentas à transformação, o Chat Commerce já faz parte da estratégia, que começa a aparecer como eixo de integração entre *marketing*, vendas, atendimento e tecnologia.

Em algumas organizações, já existe uma liderança dedicada ao canal conversacional. Em outras, ele está sob o guarda-chuva de vendas ou da área de experiência do cliente.

A nomenclatura varia, mas o que importa é que o *chat* deixou de ser invisível, e passou a ter espaço nas pautas estratégicas.

Empresas que operam nesse novo modelo deixam de enxergar as conversas como um custo e passam a tratá-las como ativos que geram valor, aprendizado e, principalmente, receita.

Ao fazer isso, se posicionam de forma muito mais preparada para o varejo do futuro. Porque, no fim, não basta apenas conversar com o cliente, é preciso fazer disso uma vantagem competitiva.

18

Quem se conecta, vende mais

Por décadas, o sucesso de uma loja esteve atrelado à sua localização. Estar bem posicionado, no centro da cidade, em um *shopping* de alto fluxo ou na esquina mais movimentada do bairro, era garantia de visibilidade e, consequentemente, de vendas.

Quando o varejo passou a ocupar o espaço digital, essa lógica mudou. O tráfego deixou de ser físico e passou a ser medido por cliques, acessos e impressões. A nova disputa se concentrou em conquistar atenção, primeiro nas buscas, depois nas redes sociais e, mais recentemente, nos grandes *marketplaces*.

Hoje, porém, vivemos uma nova transição.

A atenção continua importante, mas já não é suficiente para garantir a conversão. O consumidor está mais informado, mais criterioso e também mais disperso.

Ele não quer apenas encontrar um produto. Quer entender, comparar, esclarecer dúvidas e, acima de tudo, sentir que está sendo bem atendido, mesmo que essa interação ocorra por mensagem, com um atendente humano ou um sistema automatizado.

Neste novo cenário, o diferencial competitivo deixou de ser apenas aparecer. Agora, é preciso saber conversar.

Não basta ser encontrado, é preciso se conectar, e é por isso que, no varejo digital, a loja que se conecta com seu público vende mais.

A conversa como diferencial competitivo

O atendimento era visto, durante muito tempo, como etapa final da jornada ou como suporte reativo. Hoje, ele se tornou um ponto-chave da decisão de compra.

Um cliente que envia uma mensagem e não recebe resposta ágil e adequada tende a abandonar a compra, mesmo que o preço seja competitivo e o produto atenda à sua necessidade.

Por outro lado, quando se sente bem atendido, mesmo que em uma troca breve de mensagens, tende a confiar mais, comprar com mais segurança e, muitas vezes, recomendar a marca.

Não é novidade que os consumidores esperam atendimento em tempo real, especialmente nos canais de mensagem. Todos nós somos consumidores, e concordamos com isso.

Mas é preciso ir além da velocidade, pois o que realmente constrói confiança é a combinação entre agilidade, objetividade e sensibilidade na condução comercial.

Em outras palavras, a qualidade da conversa influencia diretamente a percepção de valor e isso se aplica a pequenas lojas, grandes redes e negócios puramente digitais.

Consumidores, canais e estilos

Uma armadilha comum no varejo atual é manter o padrão antigo para comunicar-se nos canais mais modernos. Muitos vendedores ainda tratam o *chat* como uma versão digital do SAC tradicional, com respostas genéricas, frases engessadas, comunicação fria e desconectada do momento do cliente.

Isso gera desalinhamento entre expectativa e entrega e, em canais conversacionais, desalinhamento vira ruído, que vira frustração e perda de vendas.

O consumidor de hoje transita livremente em múltiplos canais. Ele pode descobrir um produto pelo Instagram, ir para o site para saber mais e iniciar uma conversa no WhatsApp, para depois finalizar a compra em um *marketplace*. Talvez você mesmo já tenha feito isso algumas vezes.

Ao longo desse percurso, ele não espera formalidades excessivas, o que ele quer é sentir-se seguro de que está tomando a decisão certa. Quer sentir que está lidando com a mesma marca em todos os pontos de contato, quer continuidade e, acima de tudo, respostas que atendam às suas necessidades.

Em resumo, o consumidor quer ser atendido com atenção, algo óbvio, mas ainda negligenciado por muitas empresas.

Outro ponto importante, conversas de qualidade têm impacto direto nos resultados de venda. Quando o atendimento é bem conduzido, o cliente compra com mais segurança. Isso eleva o valor percebido, engaja e abre espaço para a fidelização.

Em muitos casos, é possível observar um aumento significativo do *ticket* médio após a implementação de jornadas conversacionais estruturadas. Além disso, a taxa de abandono de carrinho tende a cair, especialmente em canais como WhatsApp e Instagram, onde a conversa se encaixa na rotina do cliente.

Uma mensagem bem enviada, no momento certo, pode retomar o interesse, eliminar objeções e reativar a intenção de compra.

Há ainda um efeito mais silencioso, mas igualmente valioso. Mesmo que o cliente não finalize a compra naquele momento, ele tende a lembrar-se da marca com mais carinho, algo que influencia seu comportamento futuro.

Fidelização é ouro

A fidelização não nasce apenas dos programas de pontos ou descontos progressivos. Ela se constrói na relação de médio e longo prazo, algo diretamente relacionado com a capacidade de estabelecer bons pontos de contato com o cliente ao longo do tempo.

Marcas que mantêm um padrão de conversa coerente e útil conseguem gerar conexões mais fortes, pois o cliente percebe que pode confiar naquele canal.

Ele sabe que será escutado, que terá suas demandas atendidas com atenção e isso gera segurança, que, com o tempo, se transforma em preferência e gera recorrência.

É a recorrência que constrói a fidelidade.

Investir na qualidade das conversas não é uma ação pontual de atendimento, é uma estratégia de retenção de longo prazo.

Portanto, é sempre bom lembrar que atender bem não significa apenas responder de forma bonita, significa escutar com atenção, entender as dúvidas, objeções e adaptar sua abordagem de acordo.

No ambiente digital, o ato de escutar exige a capacidade de fazer a leitura de cada situação com sensibilidade e entendimento claro do contexto. Não se trata apenas de seguir um fluxo.

Todos esses são pontos que podem e devem ser treinados. O time de atendimento precisa ser orientado não apenas para responder rápido, mas para saber interpretar e agir com flexibilidade para cada situação.

A tecnologia, quando bem configurada, também pode ajudar. Bots bem treinados, sistemas que integram histórico de conversas, sugestões inteligentes com base em comportamento, tudo isso gera produtividade e contribui para o nível dos atendimentos, mesmo em operações com grande volume.

19

O futuro do vendedor é humano + digital

Vender sempre foi uma atividade essencialmente humana, em qualquer contexto. Da feira de rua ao e-commerce, a venda acontece no encontro entre duas partes: alguém que oferece algo e alguém que considera a proposta, alguém que argumenta e alguém que contorna as objeções, alguém que conduz e alguém que decide se compra ou não.

O que mudou ao longo do tempo não foi essa dinâmica fundamental, mas os meios pelos quais ela se realiza.

Ou seja, os canais mudaram.

A jornada do consumidor mudou, o comportamento de compra se transformou, mas a essência permanece. Vender exige escuta ativa, leitura e adaptação a cada contexto, clareza na comunicação e segurança na condução.

Neste capítulo final, vamos falar sobre o futuro do vendedor. Não da profissão em seus moldes tradicionais, mas da função estratégica de quem está na linha de frente das vendas, sejam elas feitas por humanos, por sistemas automatizados ou por uma combinação dos dois.

Porque, ao contrário do que muitos imaginam, o vendedor do futuro não será substituído, ele terá seus poderes ampliados pela tecnologia e, principalmente, pela IA.

Quanto mais cedo compreendermos esse novo papel, mais preparados estaremos para formar profissionais que atuem com relevância e que estejam aptos a ter sucesso neste novo mundo em que vivemos.

Ao longo deste livro, você entendeu como o atendimento deixou de ser apenas suporte para se tornar um canal efetivo de vendas. Vimos como o WhatsApp, os *chats* e outros meios de mensagem passaram a ocupar posições centrais na jornada de compra.

Discutimos como a tecnologia pode, quando bem aplicada, transformar essas interações em motor de receita.

Mas é importante reforçar: mesmo com todos os avanços tecnológicos, o papel do humano não desaparece, ele muda um pouco de papel.

O vendedor do futuro não será aquele que memoriza *scripts*, mas sim aquele que interpreta cenários dinâmicos e atua como elo entre sistemas e pessoas. Ele não se limita a oferecer produtos, mas sim busca atuar como facilitador de decisões.

Mais inteligência e mais ferramentas

Se no passado o vendedor dependia quase exclusivamente da própria memória, carisma e experiência, hoje ele tem ao seu lado uma série de recursos que ampliam sua capacidade de atuação.

Entre os principais, podemos destacar:

- Acesso ao histórico completo de interações com o cliente.

- Suporte da inteligência artificial para sugerir respostas e argumentos em tempo real.
- Ferramentas que analisam padrões de comportamento e indicam preferências.
- Sistemas que simulam ofertas, aplicam descontos e ativam gatilhos personalizados.

Esses recursos não eliminam a necessidade do profissional. Pelo contrário, ampliam sua atuação, permitindo mais precisão, mais contexto e mais relevância em cada ponto de contato.

O conceito do *"vendedor invisível"* que você conheceu durante o livro não significa a inexistência de um vendedor, mas sua presença em um novo formato, mais estratégico, mais digital e, com toda certeza, mais humana.

Muitas vezes, em conversas com líderes comerciais, escuto comparações entre os antigos vendedores porta a porta e os fluxos automatizados dos canais digitais. Alguns apontam essa evolução como o fim da venda personalizada. Mas talvez o que estejamos testemunhando seja justamente o retorno dessa personalização, só que em outra proporção.

O vendedor sabia antigamente o nome do cliente, lembrava o que ele havia comprado na visita anterior, conhecia seus gostos e interesses. Ele escutava, adaptava o discurso e criava vínculos, algo que tinha seu diferencial.

Com o tempo, parte dessa lógica se perdeu, substituída por metas engessadas, sistemas rígidos e processos cada vez mais impessoais.

Agora, com o apoio da IA, do CRM e da comunicação omnicanal, temos a chance de retomar essa lógica relacional, mas de uma forma mais eficiente e escalável.

O futuro da venda passa por uma reconexão com a sua essência, usando a tecnologia para recuperar o que há de mais humano no processo comercial.

O novo perfil do vendedor

Hoje, muitas pessoas atuam em funções comerciais sem se reconhecer como vendedoras. São atendentes de *chat*, operadores de WhatsApp, influenciadores nos canais da marca e especialistas de suporte que ajudam o cliente a resolver seus desafios.

Esses profissionais, em muitos casos, são a nova força de vendas da empresa. E o perfil que mais se destaca nesse novo cenário combina competências como a escuta ativa, o domínio de ferramentas digitais.

É alguém que sabe adaptar-se aos diferentes canais onde atua e foca na conversão, conduzindo para uma decisão de compra, sem forçar a barra.

Esse novo vendedor não atua apenas no fim do funil, ele está presente em toda a jornada, muitas vezes de forma discreta, mas sempre com impacto direto nos resultados.

Contudo, a evolução do profissional comercial não acontece de forma automática. Ela precisa ser estimulada, orientada e valorizada, e essa transformação começa pela liderança.

Empresas que ainda avaliam seus times apenas com base em volume de atendimentos ou metas de curto prazo estão limitando o desenvolvimento do seu capital humano. Estão deixando de reconhecer talentos que poderiam fazer a diferença justamente nos canais mais estratégicos.

Por outro lado, organizações que investem no desenvolvimento de competências comerciais, combinando domínio técnico, autonomia e inteligência de negócio, estão formando os profissionais mais relevantes do varejo atual e futuro.

Lideranças preparadas criam ambientes que valorizam a escuta, trabalham bem os *feedbacks* de forma construtiva, incentivam a experimentação e investem em capacitação contínua.

O papel da tecnologia e dos humanos

Sistemas automatizados podem organizar fluxos, sugerir ações e fazer a triagem de clientes, encaminhando para as áreas de interesse. A IA pode prever padrões, indicar caminhos e ajudar com as informações para atendimento, ao mesmo tempo que os *chatbots* podem interagir com milhares de pessoas ao mesmo tempo.

Mas, no fim do dia, é o humano que interpreta o contexto, percebe o tom da conversa, entende o estado de espírito do cliente. É ele quem sabe quando seguir, quando ajustar a rota, quando intervir.

Esse papel permanece essencial.

O que mudou foi a exigência desse papel: agora ele ganha mais autonomia, mais repertório e mais visão estratégica.

É por isso que o vendedor do futuro será, ao mesmo tempo, menos visível, pelo simples fato de operar em plataformas e canais digitais. Será também mais decisivo, porque carrega um toque emocional que nenhuma tecnologia é capaz de simular por completo.

Conclusão – A nova alma do varejo

Existe algo que sempre moveu o varejo, a alma por trás da venda. O propósito de servir, o cuidado em entender, o olho no olho, mesmo quando ele acontece de forma digital.

Durante muito tempo, a imagem do vendedor esteve associada a alguém presente, com voz firme, postura ativa e argumentos na ponta da língua. Enfim, alguém preparado para todo tipo de argumentação.

O bom vendedor era aquela pessoa que abria portas, sabia ganhar cliente no papo e fazia de tudo para bater suas metas. Quando me deparei com a vida profissional, era esse tipo de venda que eu via acontecer todo dia, dentro de loja, no meio da operação frenética de um varejo de grande porte.

Era ali, no contato direto, que as coisas aconteciam.

Mas o tempo passou e o que antes era físico e presencial hoje acontece em outro ritmo. A venda continua acontecendo, só que em outro lugar, por outros meios e com outras regras.

Este livro nasceu da vontade de entender melhor essa transição. Mas, mais do que isso, ele nasceu da necessidade de dar nome ao que já está presente nas nossas vidas, mesmo sem ser totalmente reconhecido.

Porque a verdade é simples, de fato, estamos vivendo uma virada silenciosa no varejo digital.

Os pontos de contato entre marcas e clientes viraram canais de venda.

Quando escutar volta a ser prioridade, quando o atendimento é tratado como ativo, quando a conversa se torna estratégia, é aí que emerge a nova alma do varejo. Não se trata de romantizar o passado, mas de resgatar o que fazia sentido, agora com estrutura, escala e tecnologia.

O atendimento virou venda, e com isso, o vendedor virou quase uma figura invisível. Não que tenha desaparecido, mas se transformou.

Hoje, ele pode ser um atendente respondendo no WhatsApp, um fluxo bem construído num *chatbot*, agir por meio de integrações inteligentes entre sistemas distintos, ou através de um conteúdo automatizado que gera conexão.

A presença do vendedor agora está diluída nos bastidores da jornada, mas seu impacto continua vivo e talvez até mais forte.

O que antes era improviso, agora só funciona se tiver um método. Hoje em dia, não há mais espaço para tentativas, é preciso estratégia, considerando que o que antes era canal de resolução de problemas, agora passou a ser fonte de receita.

Como empreendedor, eu não escrevi este livro para surfar um modismo, nem para falar tecnicamente sobre automações como solução mágica.

Escrevi porque vivi, e vivo diariamente, essa transformação de dentro.

Eu estou no meio do jogo e tenho muito orgulho de tudo que já fiz (e tenho feito), pois sou fruto do varejo.

Já participei de muitas operações, das mais diferentes formas. Já atendi clientes no chão de loja e já quebrei a cabeça para construir sistemas que rodam até hoje em dezenas de milhares de empresas de varejo Brasil afora.

Justamente por ter passado por tudo isso, posso afirmar que existe um jeito mais inteligente de vender, e ele começa pela forma como a empresa se organiza para se conectar com seus consumidores.

O método CHAT que você conheceu ao longo do livro traz uma visão sobre o Contexto, Humanização, Ativação e Tecnologia. É um jeito simples de enxergar, planejar e estruturar o atendimento como ponto de contato comercial. Um convite para sair do improviso e construir uma estrutura conversacional que entrega resultado.

Mas mais importante do que aplicar o método é entender o espírito por trás dele. É perceber que, em cada conversa, existe uma chance real de encantar, resolver, aprender e, o mais importante, vender.

Se você chegou até aqui, provavelmente também sente essa inquietação que me acompanha há anos, de ver o atendimento sendo tratado como custo, enquanto ali existe um ativo estratégico esperando para ser ativado.

Eu escrevi este livro pensando em você que empreende, que lidera, que está na linha de frente e que entende que vender bem exige mais do que um bom produto. Exige processo, cultura, gente preparada e decisões conscientes sobre como usar a tecnologia a nosso favor.

Espero que, ao fechar este livro, você sinta que a conversa está apenas começando.

Porque ela continua toda vez que você revisa um fluxo de automação. Toda vez que seu time aprende a usar dados para melhorar as abordagens de vendas, toda vez que você entende que o cliente não quer mais preencher formulários, ele quer mandar uma mensagem e ser bem atendido.

Toda vez que você escolhe conversar melhor, mesmo que isso ainda não seja o estado arte.

Chat Commerce é um baita motor de vendas que, quando bem feito, gera impacto visível, nas metas, na recompra, nos resultados.

Mas também na cultura, na moral do time, na conexão dos clientes com a sua marca. Muito obrigado por ter me acompanhado até aqui.

Se esse livro te provocou a repensar alguma parte da sua operação, já valeu. Se te deu clareza sobre algo que você já sentia, melhor ainda, e se em algum momento você se sentiu representado por essas palavras, então essa conversa, ainda que por meio de um livro, cumpriu seu papel.

Nos vemos em breve, nas conversas que certamente vão virar venda aí dentro da sua empresa, vendas feitas da forma certa, que geram impacto positivo para você e para o seu negócio.

Que possamos nos conectar com aquilo que nunca deixou de ser o verdadeiro motor do comércio: a alma do varejo.

Espero que nos encontremos em breve numa conversa por aí. Boas vendas via Chat Commerce.

Referências

Basis Technologies. 2024. "Generation Alpha: Online Habits and Media Preferences by the Numbers."
https://basis.com/blog/generation-alpha-online-habits-and-media-preferences-by-the-numbers.

Consumidor Moderno. 2023. "Geração Alfa: reflexos do maior grupo de indivíduos da história." Consumidor Moderno.
https://consumidormoderno.com.br/geracao-alfa/.

Creatopy. 2022. "Whitepaper: What Clicks with Gen Z." Creatopy.
https://www.creatopy.com/blog/whitepaper-what-clicks-with-gen-z/.

Database Earth. 2025. "Database Earth: Population of Brazil." Database Earth: Population of Brazil.
https://database.earth/population/brazil.

Database Earth. 2025. "Median Age by Country in 2030." Median Age by Country in 2030.
https://database.earth/population/median-age/2030.

DataReportal. 2025. "Digital 2025: Brazil — DataReportal – Global Digital Insights." DataReportal.
https://datareportal.com/reports/digital-2025-brazil.

E-Commerce Brasil. 2025. "Temu ocupa 2ª colocação entre principais marketplaces do Brasil." E-Commerce Brasil.
https://www.ecommercebrasil.com.br/noticias/temu-principais-marketplaces-brasil.

Edrone. 2025. "Como reduzir o tempo de resposta no atendimento ao cliente virtual?"
https://edrone.me/pt/blog/tempo-resposta-atendimento.

Intercom. 2018. "How live chat increases conversion rates."
https://www.intercom.com/blog/why-live-chat/.

MarketSource. 2025. "Gen Z and the Future of Retail." MarketSource. McKinsey. 2023. "O que é personalização?" McKinsey.
https://www.mckinsey.com.br/our-insights/what-is-personalization#/.

McKinsey. 2024b. "The evolution of customer care: AI and the Gen Z effect." McKinsey. 2024a. "What is Gen Z?" McKinsey.
https://www.mckinsey.com/featured-insights/mckinsey-explainers/what-is-gen-z.

Meio e Mensagem. 2024. "China vs Brasil: como a Geração Z está impulsionando o consumo online?" Meio e Mensagem.
https://www.meioemensagem.com.br/cannes/diario-cannes/c

hina-vs-brasil-como-a-geracao-z-esta-impulsionando-o-consumo-online.

Mobile Time/Opinion Box. 2025. "Panorama Mobile Time/Opinion Box - Mensageria no Brasil."

NielsenIQ e GfK em colaboração com World Data Lab (WDL). 2024. "Spend Z - A Report on Gen Z Spending Power." NIQ.
https://nielseniq.com/global/en/landing-page/spend-z.

NSC Comunicação. 2024. "NSC Estudo de Mercado: Comportamento das gerações." NSC Estudo de Mercado: Comportamento das gerações.
https://www.negociossc.com.br/blog/o-que-dizem-as-pesquisas-sobre-os-interesses-da-geracao-z.

Opinion Box/Octadesk. 2025. *CX Trends 2025.*

Robinson, Nicole. 2024. "Meeting Gen Z's Customer Service Expectations: What Businesses Need to Know." Computer Talk.
https://www.computer-talk.com/blogs/meeting-gen-z's-customer-service-expectations--what-businesses-need-to-know.

Sheffield, Toria. 2025. "This Generation Is Projected to Be the Richest by About 2035, New Study Says." People.com.
https://people.com/gen-z-set-to-become-richest-generation-in-history-by-about-2035-bank-of-america-study-11701524

TI Inside. 2024. "O que une (e separa) as gerações quando falamos em comunicação?" TI Inside.
https://tiinside.com.br/07/11/2024/o-que-une-e-separa-as-geracoes-quando-falamos-em-comunicacao/.

"Top 50 marcas." 2024. Opinion Box.
https://www.opinionbox.com/nps/top-50-marcas/.

Venditti, Bruno. 2025. "Visualizing the Global Population in 2035, by Generation." Visual Capitalist.
https://www.visualcapitalist.com/visualizing-the-global-population-in-2035-by-generation/.

Wendler, Suelen. 2023. "Estratégias de Marketing de Conteúdo para atingir a geração Z." Rock Content.
https://rockcontent.com/br/blog/estrategias-de-marketing-de-conteudo-para-atingir-a-geracao-z.

World Population Review. 2025. "WhatsApp Users by Country 2025." World Population Review.
https://worldpopulationreview.com/country-rankings/whatsapp-users-by-country.

Este livro foi impresso nas oficinas gráficas da Editora Vozes Ltda.,
Rua Frei Luís, 100 – Petrópolis, RJ.